Unsere Kopiervorlagen: MEHR ALS NUR PAPPE!

STOPP – bitte noch nicht umblättern! Bevor Sie sich in Ihre Unterrichtsvorbereitung stürzen, nehmen Sie sich zwei Minuten Zeit und lesen eine kurze Einführung in die Welt der Papphefter vom Verlag an der Ruhr. Denn nur so haben Sie immer alle Vorteile im Blick:

... man findet sie in jedem Regal – ob zu Hause oder im Lehrerzimmer
... sie sind immer schnell zur Hand
... sie liefern jederzeit Ideen, kompakt, aber vielfältig
... sie passen in jede Lehrertasche
... sie sparen Zeit und schonen die Nerven
... sie sind beliebig zu ergänzen und zu sortieren
... sie schonen die Umwelt
... sie sind kreativ, innovativ und absolut praxisnah!

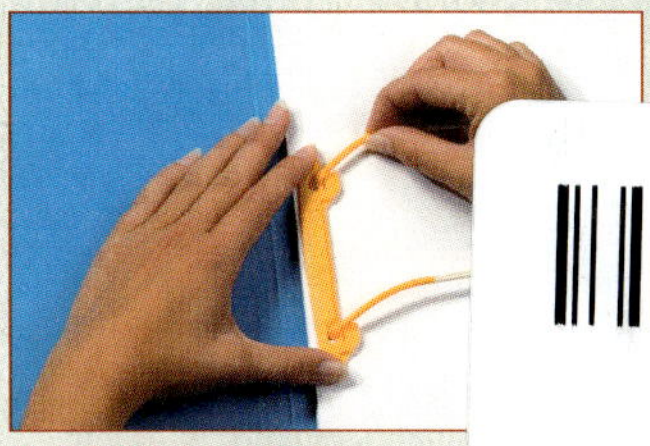
1. LOSMACHEN

Ab jetzt mit neuem Verschluss

Ab sofort können Sie Ihre Kopiervorlagen spielend leicht aus dem Papphefter herausnehmen. Dank der raffinierten Konstruktion lässt sich jede Seite schnell entnehmen, ohne weitere Blätter lösen zu müssen.

2. BLÄTTERN

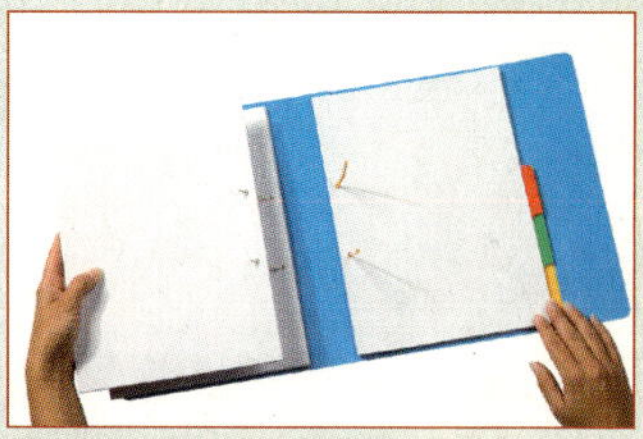
5. EINFÜGEN

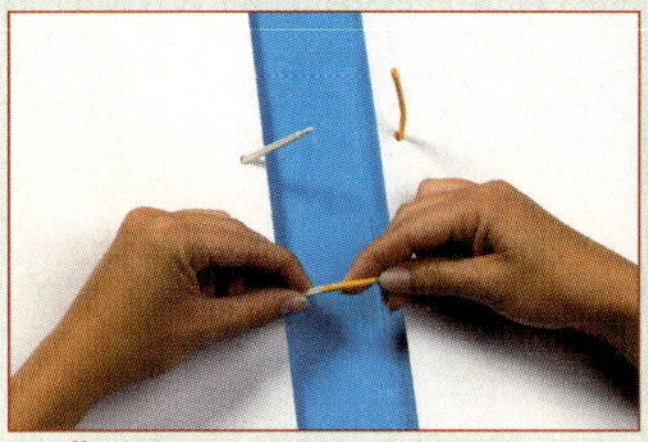
3. ÖFFNEN

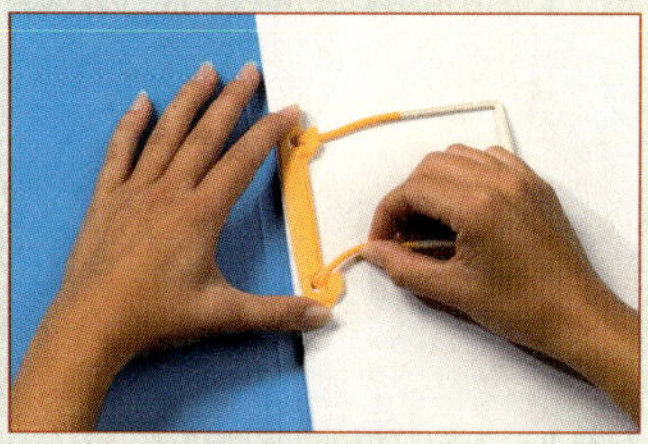
6. SCHLIESSEN

WUSSTEN SIE SCHON ...

... dass statistisch betrachtet jeder 2. Lehrer mind. einen Papphefter besitzt?
... dass sich derzeit ca. 1.750.000 Papphefter im Umlauf befinden und dass man, wenn man alle Papphefter hintereinander legt, zweimal das Ruhrgebiet umkreisen könnte?
... dass unsere Papphefter seit 25 Jahren treue Begleiter des Schulalltags sind – und dabei immer wieder mit neuen Ideen überraschen?
... dass die durchschnittliche Haltbarkeit eines Papphefters 10 Jahre beträgt?
... dass sich unsere Pappen auch hervorragend als Sitzunterlage beim Grillen, als Tablett oder Untersetzer, Sonnenschutz oder Fächer beim Schulfest sowie als Sichtschutz bei Klassenarbeiten eignen?

KOPIERSCHUTZ

Mit diesem Papphefter erwerben Sie das Recht, die Kopiervorlagen aus dem Inhalt für Ihren eigenen Unterrichtsgebrauch in Klassensatzstärke zu vervielfältigen. Dies schließt die Weitergabe innerhalb des Kollegiums nicht mit ein. Wenn Sie von diesem Papphefter überzeugt sind, freuen wir uns, dass Sie Ihren Kollegen gegenüber eine Empfehlung aussprechen. Bitte geben Sie die Unterlagen nicht zum Kopieren weiter. Schützen Sie das Urheberrecht. Dies ermöglicht uns auch weiterhin, gute Materialien für Sie zu erstellen. Bitte beachten Sie dazu auch unsere Angaben im Impressum oder informieren Sie sich auf **www.schulbuchkopie.de**

Arthur Thömmes

Der Stern, der nicht leuchten wollte

Ein fächerübergreifendes Theaterprojekt zur Weihnachtszeit

Arthur Thömmes

Der Stern, der nicht leuchten wollte

Ein fächerübergreifendes Theaterprojekt zur Weihnachtszeit

Verlag an der Ruhr

Impressum

Titel:
Der Stern, der nicht leuchten wollte
Ein fächerübergreifendes Theaterprojekt zur Weihnachtszeit

Autor:
Arthur Thömmes

Titelbildillustration:
Petra Lefin

Illustrationen:
Petra Lefin u.a.

Druck:
Druckerei Uwe Nolte, Iserlohn

Verlag:
Verlag an der Ruhr
Alexanderstraße 54
45472 Mülheim an der Ruhr
Postfach 10 22 51
45422 Mülheim an der Ruhr
Tel.: 0208/439 54 50
Fax: 0208/439 54 239
E-Mail: info@verlagruhr.de
www.verlagruhr.de

ISBN 978-3-8346-0462-0

geeignet für die Altersstufe 7 8 9 10 11 12

Die Schreibweise der Texte folgt der neuesten Fassung der Rechtschreibregeln – gültig seit August 2006.

Ein weiterer Beitrag zum Umweltschutz:

Das Papier, auf das dieser Titel gedruckt ist, hat ca. ***50% Altpapieranteil,*** *der Rest sind* ***chlorfrei*** *gebleichte Primärfasern.*

Wir sind seit 2008 ein ÖKOPROFIT®-Betrieb und setzen uns damit aktiv für den Umweltschutz ein. Das ÖKOPROFIT®-Projekt unterstützt Betriebe dabei, die Umwelt durch nachhaltiges Wirtschaften zu entlasten und Kosten zu senken.

Gesang:
Arthur Thömmes, Rebecca Thömmes

Keyboard:
Manuel Lothschütz

Text und Musik:
Arthur Thömmes

Wir bedanken uns bei der Tonpost des Bistums Trier für die Möglichkeit der Studioaufnahmen.

Für die freundliche Erlaubnis zur Verwendung von Geräuschaufnahmen für die Waldgeräusche danken wir ganz herzlich Carola Preuß und Klaus Ruge.

Die Geräusche stammen von der CD:
C. Preuß, K. Ruge: Waldgeräusche-Spiel
Best.-Nr. 2175

Inhaltsverzeichnis

Titelliste der Audio-CD:

Gesangsversion

1. Wir sind die Sternenforscher-Kinder (1:52)
2. Sternentanz (3:30)
3. Wo ist der Weg? (2:05)
4. Siehst du den Stern am Himmel leuchten? (3:06)
5. Wir haben dich gefunden (2:24)
6. Du kannst ein Stern sein (2:34)

Playback mit Melodie

7. Wir sind die Sternenforscher-Kinder (1:52)
8. Sternentanz (3:30)
9. Wo ist der Weg? (2:05)
10. Siehst du den Stern am Himmel leuchten? (3:06)
11. Wir haben dich gefunden (2:24)
12. Du kannst ein Stern sein (2:34)

Playback ohne Melodie

13. Wir sind die Sternenforscher-Kinder (1:52)
14. Sternentanz (3:30)
15. Wo ist der Weg? (2:05)
16. Siehst du den Stern am Himmel leuchten? (3:06)
17. Wir haben dich gefunden (2:24)
18. Du kannst ein Stern sein (2:34)

Waldgeräusche

19. Waldgeräusche (4:41)

Gesamtzeit: 51:24

Methodisch-didaktische Hinweise

Einleitung

Krippenspiele zur Weihnachtszeit haben eine lange Tradition. Dabei handelt es sich um ein kurzes Theaterstück, das die biblische Weihnachtsgeschichte spielerisch darstellt. Im Mittelpunkt steht das Geschehen rund um das neugeborene Kind in der Krippe. Die Herbergssuche von Maria und Joseph, die Hirten auf dem Feld und die Suche der weisen Männer aus dem Morgenland werden dabei in verschiedenen Rollen vorgeführt. Die Inhalte der Krippenspiele orientieren sich sehr nahe am biblischen Originaltext. Meist werden solche Krippenspiele von Kindern und Jugendlichen im Rahmen des Weihnachtsgottesdienstes aufgeführt.

„Der Stern, der nicht leuchten wollte" erzählt **die Geschichte** von einem Stern, der vor 2000 Jahren am Himmel für einige Unruhe sorgt. Erst als er eine wichtige Aufgabe vollbracht hat, wird er der berühmte **„Stern von Betlehem"**. Die Geschichte beginnt im Hier und Jetzt und erzählt zunächst von einer Schulklasse, die bei einer Nachtwanderung von einem Sternenforscher in die Geheimnisse der Planeten und Sterne eingeführt wird. Die Sterne sind stolz über das Interesse der Menschen und leuchten umso heller, sogar einen Tanz führen sie für sie auf. Nur ein kleiner Stern will nicht leuchten. Da erzählt ihm der alte Stern die Geschichte von den drei weisen Männern aus dem Morgenland, die auf der Suche nach dem neugeborenen König der Juden waren und auch von einem kleinen Stern zur Krippe geführt wurden. Nun ist auch der kleine Stern bereit für eine große Aufgabe.

Das vorliegende **Theaterstück** richtet sich an Schülerinnen und Schüler der **3. bis 5. Klasse**.
In altersgemischten Gruppen können Sie problemlos auch **jüngere Kinder** einbinden.
Das Besondere an dem vorliegenden Weihnachts-Projekt sind die **unterschiedlichen methodischen Zugänge**, die Sie je nach Ihrer Klassensituation und zur Verfügung stehender Vorbereitungszeit wählen können. Die Geschichte liegt in zwei unterschiedlichen Versionen vor, einer **Erzählfassung** und einer **Theaterversion** als Grundlage für eine Aufführung. Sie haben vielfältige Möglichkeiten, die Erzählversion oder die Theaterversion mit den Kindern als **fächerübergreifendes Projekt** zu entfalten. Die eingängigen **Lieder** wollen die Geschichte begleiten und lebendig machen. Zum Einüben finden Sie Liedblätter mit Noten, Text und Akkorden. Die beiliegende Audio-CD enthält alle Lieder in drei Versionen: in gesungener Form, als Playback mit Melodie und als Playback ohne Melodie. Gleichwohl lässt sich das Stück auch ohne musikalische Begleitung aufführen. Näheres zur Umsetzung des Stückes erläutere ich in den **methodisch-didaktischen Hinweisen**.

Auf weiteren **Arbeitsblättern** finden sich unterschiedliche Anregungen, die dabei helfen sollen, die Geschichte im Unterricht (Religion, Deutsch, Musik, Kunst, Sachunterricht, Sport) zu erarbeiten und ihre Botschaft oder ihre fachlichen Inhalte zu vertiefen.

Die folgenden Hinweise bieten Anregungen für eine kreative, fächerübergreifende Umsetzung der Geschichte.

Die Erzählversion

Die Erzählversion bietet Ihnen mehrere Möglichkeiten der methodischen Gestaltung. Sie können sie einerseits erarbeiten, wenn Sie für die Theaterarbeit **nicht genügend Zeit** haben. Sie können sie aber **auch vorab** thematisieren, als Einführung in das Stück, evtl. sogar ein Jahr vorher. Hier einige Hinweise zum Einsatz der Erzählversion:

1. Sie lesen die Geschichte vor, die Kinder hören zu. Dann werden Inhalt und Aussage des Textes erarbeitet. Die Kinder malen anschließend Bilder zu den einzelnen Szenen. Diese können sie zu einem **Bilderbuch** zusammenfügen oder bei einer Lesung als **Bilderkino** zeigen.
2. **Szenische Lesung/Vorlesetheater:** Die Kinder lesen den Text mit verteilten Rollen.
   Eine solche Lesung kann auch für eine **Weihnachtsfeier** mit den Eltern erarbeitet werden.
3. Die Geschichte wird als **Hörbuch** aufgenommen. Hier können unterschiedliche Kinder unterschiedliche Kapitel vorlesen.
4. Sie erarbeiten die Geschichte vom Stern als **Pantomime**, in der vor allem die Gefühle und Stimmungen deutlich werden. Bei einer Aufführung können dann mehrere Kinder die Geschichte vorlesen, andere führen die Pantomime dazu aus.
5. Bei einem **Schattenspiel** werden die Schauspieler hinter einer Leinwand oder einem weißen Tuch von einem Licht angestrahlt.

Die Zuschauer sehen dann nur die Schatten der handelnden Personen. Dazu hören sie die Leseversion des Stückes.

6. Teilen Sie die Erzählversion als **Adventsgeschichte** in 24 Lesestücke, lesen Sie an jedem Adventstag einen Abschnitt vor.

Die Theaterversion

Die Theaterversion beinhaltet nicht nur die **Sprechtexte**, sondern auch ausführliche **Regieanweisungen**. Die Aufführung bedarf einiger **Vorbereitung**. Dazu möchte ich Ihnen im Folgenden einige Hinweise geben. Das Stück ist als fächerübergreifendes Theaterprojekt konzipiert, bei dem in den unterschiedlichen Fächern verschiedene Schwerpunkte gesetzt werden können. Die Spieler teilen sich grundsätzlich in vier Gruppen ein: die Sternenforscher-Kinder, die Sterne heute, die Sterne damals und die 3 Weisen.

Als Vorbereitung auf das Theaterprojekt lesen Sie oder die Kinder die Geschichte zunächst in der **Erzählversion**. Die Kinder sind somit vertraut mit der Handlung.

Rollenbesetzung

In der linken Spalte des Theatertextes finden sich die jeweiligen Rollen. Hier können die Spieler ihre eigenen Namen eintragen. Bei der Rollenbesetzung ist darauf zu achten, dass es unterschiedlich lange Texte zu lernen und zu sprechen gibt. In der Rollenliste (s. S. 28) finden sich insgesamt 37 unterschiedliche Rollen. Darunter sind **sieben Rollen, die keinen Sprechtext haben**. Die Anzahl der Rollen kann **an die Anzahl der spielenden Kinder angepasst** werden. Beispielsweise kann bei den Kindern und den Sternen ein Kind problemlos auch mehrere Rollen übernehmen, oder die Anzahl der Diener und Soldaten kann verkleinert werden.

Üben der Texte (Deutschunterricht)

Bevor Sie das Theaterstück auf der Bühne üben, sollten Sie zunächst die Texte gründlich erarbeiten. Dabei **lesen** die Kinder ihre Rollen zunächst einfach so, dann in einem **szenischen Spiel**. Achten Sie besonders auf laute und **deutliche Aussprache**. Nach und nach lernen die Kinder ihre Rolle **auswendig**. Bei den meisten Kindern dürfte das einfach sein, da sie nur wenige kurze Sätze zu lernen haben. Achten Sie aber auch darauf, dass die Kinder ihre Einsätze mitlernen. Es ist sinnvoll, dass die **Hauptpersonen** mit den längeren Texten (Herr Reuter, der alte Stern, der als Erzähler fungiert) intensiver beim Auswendiglernen unterstützt werden. Beide Rollen (besonders die des alten Sterns) könnten auch von Erwachsenen dargestellt werden.

Einüben der Lieder (Musikunterricht)

Die Handlung und Aussage des Theaterstücks wird mit **sechs Liedern** unterstützt. Auf den **Liedblättern** finden sich die **Melodien mit Texten und einfachen Akkorden**. Die beiliegende **CD** enthält alle Lieder, einmal mit **Gesang und zusätzlich in zwei unterschiedlichen Playbackversionen**. Die Melodien sind einfach gehalten und leicht einzuüben. Das kann schrittweise geschehen, indem Sie zunächst mit den Kindern die Gesangsversion mitsingen und anschließend die Kinder nur zur Playbackversion singen. Da nur die Kinder singen, die in der jeweiligen Szene spielen, müssen nicht alle Lieder von allen Kindern eingeübt werden. Alternativ können natürlich auch alle Kinder alle Lieder singen.

Hier ein **Überblick** darüber, wer in welcher Szene singt:

1. **Wir sind die Sternenforscher-Kinder**
   (Szene 1 – Sternenforscher-Kinder)
2. **Sternentanz**
   (Szene 2 – Sterne heute)
3. **Wo ist der Weg?**
   (Szene 4 – die 3 Weisen)
4. **Siehst du den Stern am Himmel leuchten?**
   (Szene 5 – Sternenforscher-Kinder)
5. **Wir haben dich gefunden**
   (Szene 7 – die 3 Weisen)
6. **Du kannst ein Stern sein**
   (Szene 9 – alle)

Schön wäre auch, wenn das **Publikum** bei einzelnen Liedern den Refrain mitsingen könnte (Liedblätter vorbereiten). Ein **Chor** oder Klassen/Kinder, die am Theaterstück nicht mitwirken, können Ihre Gruppe beim Singen unterstützen.

Methodisch-didaktische Hinweise

Falls **Flöten-, Gitarren- oder Keyboardspieler** zur Verfügung stehen, können diese den Gesang begleiten. Ansonsten können Sie für die Aufführung auch die CD nutzen.

Herstellen der Kostüme

Für folgende Rollen werden spezielle, einfache **Kostüme** benötigt:

- **Sterne heute:** Sternenkostüm aus Pappe oder Stoff (Anleitungen s. S. 59).
- **Sterne damals:** Damit die beiden Sternengruppen sich voneinander unterscheiden, tragen die Sterne von damals einen Sternenkrone auf dem Kopf (Anleitung s. S. 60).
- **Die drei Weisen:** Sie tragen weite Gewänder (z.B. aus Bettlaken, die mit Sternen bedruckt oder beklebt wurden) und Turbane (um den Kopf gewickelte Stoffstreifen).
- **Die Schriftgelehrten und Hohepriester:** weite Gewänder
- **Die Diener und Soldaten:** Sie tragen weite Hosen und einen Turban.
- **Herodes:** Er ist mit einem feineren bunten Umhang bekleidet (z.B. mit goldenen Elementen) und trägt eine Krone auf dem Kopf.
- **Maria und Josef:** Beide tragen schlichte Stoffumhänge. Maria trägt ein Kopftuch.

Requisiten und Bühnendekoration

(Kunstunterricht)

Die Bühne ist in **vier Spielbereiche** aufgeteilt: Die Sternenforscher-Kinder (heute) – die 3 Weisen (vor 2000 Jahren) – die Sterne früher – die Sterne heute. Über der Spielfläche werden gut lesbare Plakate aufgehängt, die den jeweiligen Bereich kennzeichnen (s. Schaubild S. 29).

- **Licht:** Entsprechend der Spielszene wird der jeweilige Bereich angestrahlt (hell – halbdunkel – dunkel). Genaue Hinweise finden sich in den Regieanweisungen beim Sprechtext. Für die Beleuchtung sind mehrere Lampen, am besten mit Helligkeitsregler, notwendig oder ein ausrichtbarer Scheinwerfer. Für das Licht ist ein Kind oder Lehrer verantwortlich. Da die Beleuchtung für die Dramaturgie des Stückes wichtig ist, sollte der Einsatz gut geprobt werden.

- **Szene 1 – Spielbereich „Sternenforscher-Kinder“:** Eine große Uhr, deren Zeiger auf 20:00 Uhr stehen, ein Seil und ein Koffer für Herrn Reuter, in dem sich ein großes Fernglas und etwa zehn kleine Ferngläser (Anleitung s. S. 60) befinden. **Im weiteren Verlauf:** Bäume und Sterne aus Karton stellen die Situation im Wald dar.
- **Szene 2 – Spielbereich „Sterne heute“:** Der Hintergrund ist blau gestaltet (z.B. blau gefärbte Bettlaken), auch am Boden können blaue Tücher liegen. Von der Decke herab hängen mehrere gebastelte kleine Sterne. Am Ende der Szene wird auch der Spielbereich der Kinder angeleuchtet, und die kleinen Ferngläser kommen zum Einsatz.
- **Szene 3 – Spielbereich „Sterne früher“:** Der Bereich ist gestaltet wie der Bereich „Sterne heute“.
- **Szene 4 – Spielbereich „Die 3 Weisen“:** Der Hintergrund ist gelblich gestaltet (z.B. gelb gefärbte Bettlaken), um eine Wüste darzustellen. Auch am Boden können gelbe Tücher liegen.
- **Szene 5 – Spielbereich „Sternenforscher-Kinder“:** Zusätzlich zu der Dekoration aus Szene 1 bilden einige Sterne das Sternbild „Großer Wagen“. Die Sterne können Sie an der entsprechenden Position aufhängen oder auf ein großes blaues Schild aufmalen lassen.
- **Szene 6 – Spielbereich „Sterne früher“:** identisch mit dem Bühnenbild der Szene 3
- **Szene 7 – Spielbereich „Die 3 Weisen“:** Es wird ein Tor benötigt, das sich aus Pappkartons herstellen lässt und anschließend angemalt wird. Als Thron für den König Herodes kann ein Stuhl dienen, der mit Alufolie oder Goldpapier umwickelt ist. Die Schriftgelehrten haben dicke Bücher und Schriftrollen in den Händen.
  Zur Darstellung der Krippensituation genügt eine aus Holz gebastelte Krippe, in der eine Puppe liegt. Die Weisen haben Geschenke in der Hand.
- **Szene 8 – Spielbereich „Sterne heute“:** identisch mit dem Bühnenbild der Szene 2
- **Szene 9 – Spielbereich „Sternenforscher-Kinder“:** Requisiten wie in Szene 1

Wenn die Aufführung **in einem kleineren Raum** (z.B. im Klassenraum) stattfinden soll, können Sie die verschiedenen Spielbereiche auch im Raum

verteilen. Dabei muss sich das Publikum allerdings einige Male umdrehen, sollte also am besten auf dem Boden sitzen.

Wenn Sie in der Klasse keinen Platz für einen großen oder mehrere kleine Spielbereiche haben, können die einzelnen Gruppen auch bei jeder Szene von der Bühne abtreten und sich während ihrer Pausen um den äußeren Rand der Bühne setzen. Die Szenenwechsel können Sie dann durch unterschiedlich farbige Hintergründe und die Plakate für die Spielbereiche kennzeichnen. Auch die Requisiten können Sie weniger aufwändig halten, sodass Sie die Bühne nicht umbauen müssen.

Die Bühnenprobe (Deutschunterricht)

Bei den ersten Bühnenproben ist es nicht notwendig, dass Sie alle Requisiten einsatzbereit haben. Wichtig ist lediglich, dass die **vier Spielbereiche deutlich erkennbar** sind. Auch können die Kinder bei den ersten Proben noch ihre Texte benutzen. Nachdem die Kinder die Texte gelesen und gelernt haben, geht es bei der Bühnenprobe aber vor allem um den konkreten Ablauf und die **ausdrucksstarke Darstellung** der Schauspieler. Wenn Sie mehrere erwachsene Betreuer sind, können Sie die Proben zunächst parallel in verschiedenen Räumen durchführen. Das spart eine Menge Zeit. Wenn die einzelnen Szenen gut sitzen, folgen die Gesamtproben.

Technik

Neben der **Lichttechnik** sollten Sie in einem größeren Raum auch eine **Lautsprecheranlage** verwenden. Falls eine solche nicht zur Verfügung steht, nutzen Sie die Möglichkeit der Ausleihe, z.B. beim örtlichen Medienzentrum. Die Aufführung sollte auch mit **Foto- und/oder Filmkamera** dokumentiert werden. Mit den Fotos könnte die Geschichte zu einem schönen Bilderbuch zusammengestellt werden.

Der Tanz der Sterne (Sportunterricht)

In Szene 2 wird der „Sternentanz“ gesungen. Dabei werden **einige Bewegungsabläufe vorgegeben** (winken, zwinkern, hüpfen, im Kreis tanzen). Im Sportunterricht können Sie die Choreografie noch verfeinern. Vor allem beim „Dupdidu“ besteht dazu ausreichend Möglichkeit. Ansonsten können sich die Kinder auch einfach frei zur Musik bewegen.

Du kannst ein Stern sein (Religionsunterricht)

Der Geschichte vom Stern, der nicht leuchten wollte, liegen zwei bekannte **biblische Texte** zugrunde (Mt 2,1–12: Die Huldigung der Sterndeuter; Lk 2,1–20: Die Geburt Jesu). Die beiden Geschichten können im Religionsunterricht gelesen und besprochen werden (s. Arbeitsblatt S. 64). Aber es steckt hinter der Stern-Geschichte auch eine andere, sehr persönliche Botschaft (s. Arbeitsblatt S. 65). Jeder Mensch kann so etwas wie ein Stern für andere Menschen sein, indem er durch sein Reden und Handeln ihr Leben heller und schöner macht.

Der Sternenhimmel (Sachunterricht)

Über den Inhalt des Stückes lernen die Kinder auch eine ganze Menge über den **Sternenhimmel und die Planeten**. Dieses Wissen können Sie mit den Arbeitsblättern zu den Sternbildern (s. Arbeitsblatt S. 61/62) und zum Sonnensystem (s. Arbeitsblatt S. 63) vertiefen. Weitere Anregungen finden Sie bei den Literaturtipps (s. S. 67).
Es wäre auch schön, wenn Sie mit den Kindern eine **Sternenwanderung** bei Dunkelheit unternehmen könnten. Auch ein **Planetarium** oder eine **Sternwarte** sind sicher ein lohnendes Ziel für einen vorweihnachtlichen Ausflug.

Die Einladung (Kunstunterricht)

Natürlich sollten die Kinder ihr Publikum zu der Theateraufführung auch angemessen einladen. Dazu schneiden sie **Sterne** aus, auf denen der Titel, die Uhrzeit, der Ort und die Aufführenden genannt werden. Auch von den Kindern gestaltete **Plakate oder Karten** können auf die Veranstaltung einladend hinweisen.

Ich wünsche Ihnen und den Kindern viel Freude mit dem „Stern, der nicht leuchten wollte“.

Arthur Thömmes

Der Ausflug der Sternenforscher

(1/4)

Kapitel 1

Ein ganz besonderes Erlebnis hat Frau Winter ihren Schülerinnen und Schülern versprochen. Jetzt ist der Tag gekommen. Alle treffen sich am Waldparkplatz. Einige sind schon sehr müde, denn es ist bereits 20:00 Uhr.

„*Da bin ich wirklich gespannt, was uns Frau Winter heute Nacht Besonderes zeigen will*“, sagt Denis. Er ist ein wenig aufgeregt, denn er hat nachts noch nie eine Wanderung unternommen.

„*Was soll das schon Besonderes sein*“, antwortet der vorlaute Uli. „*Ich bin mit meinem Opa schon oft nachts unterwegs gewesen. Wenn man eine Taschenlampe dabeihat, kann man alles genau sehen.*“

„*Ich habe aber doch ein bisschen Angst*“, sagt Lisa. „*Stellt euch mal vor, wir verlaufen uns im Dunkeln.*“

Plötzlich ist die laute Stimme von Frau Winter zu hören: „*Liebe Jungen und Mädchen. Ich begrüße euch zu unserer Nachtwanderung. Ich habe euch etwas Besonderes versprochen. Ihr müsst noch ein wenig Geduld haben. Zunächst geben sich alle Kinder die Hand.*“

„*Ich gehe doch mit keinem Hand in Hand!*“, ruft Uli laut und verschränkt demonstrativ die Arme vor der Brust. „*Ich bin doch kein kleines Kind mehr.*“

„*Das machen wir ja nur, damit wir keinen verlieren*“, antwortet Frau Winter mit besorgter Miene.

„*Da hätte ich eine andere Idee*“, entgegnet ihr Moritz und öffnet seinen Rucksack. „*Ich habe hier ein ziemlich langes Seil. Wenn wir das alle anfassen, geht auch keiner verloren.*“

Kaum gesagt, wirft er das Seil in die Menge, und jedes Kind greift danach. Ein wenig seltsam sieht es schon aus, wie die Kinderschlange sich vorwärtsbewegt. Frau Winter führt die Schlange an und gibt die Richtung an. Den Abschluss der Seilschlange macht Herr Reuter. Die Kinder kennen ihn nicht, aber Frau Winter hat gesagt, dass er etwas mit der Überraschung zu tun hat. Er hat einen großen Koffer in der Hand. Was da wohl drin ist?

Nach zehn Minuten Marsch packt Kevin seine Taschenlampe aus und leuchtet in der Gegend herum. Natürlich will er damit auch einige Mädchen blenden. Laut kreischen sie: „*Aufhören! Aufhören!*“

„*Stehen bleiben!*“ Der Ruf von Frau Winter durchdringt die Nacht. „*Kevin, steck bitte die Taschenlampe weg!*“

Der Ausflug der Sternenforscher

(2/4)

1

Alle bleiben stehen, und die Lehrerin beginnt mit ernstem Gesicht: *„Wenn wir jetzt weitergehen, gelten einige Regeln, die ihr alle einhalten müsst.*
Erstens: Keiner von uns benutzt eine Taschenlampe. So gewöhnen sich eure Augen an die Dunkelheit. Ihr werdet feststellen, dass ihr nach einiger Zeit viel mehr sehen werdet, denn der Mond spendet ein bisschen Licht.
Zweitens: Wir verhalten uns ganz ruhig, damit wir keine Tiere im Wald verscheuchen. Versucht einmal, genau hinzuhören, welche unbekannten Geräusche ihr wahrnehmen könnt.
Drittens: Schaut ab und zu in den Himmel, und beobachtet, was ihr dort sehen könnt. Wir gehen jetzt noch fünf Minuten tiefer in den Wald, und dann kommt meine Überraschung."

Und so wandern sie in der Dunkelheit des Waldes und hören die seltsamsten Geräusche. Und Frau Winter hat Recht. Sie können nach kurzer Zeit selbst in der Dunkelheit etwas sehen.
Als sie an einer großen Wiese mitten im Wald ankommen, setzen sich alle auf den Boden.

„Nun erzählt mal", fordert Frau Winter die Kinder auf, *„was ihr alles gehört und gesehen habt."* Nun sprudelt es aus den Kindern heraus:

„Ich habe ein ganz unheimliches Jaulen gehört. Das war bestimmt ein Fuchs."

„Ich habe einen Kauz gehört."

„Ich habe in einem Baum einen riesengroßen Vogel gesehen, der seine Flügel bewegt hat."

„Ich habe in den Himmel geguckt und ganz viele Sterne gesehen."

Das scheint das Stichwort für Frau Winter zu sein.
„Ihr habt euch bestimmt schon gefragt, wer denn der Mann ist, der heute mit uns geht. Er heißt Herr Reuter und ist von Beruf Sternenforscher."

„Was macht ein Sternenforscher?", fragt Anne neugierig.

„Nun, das wollte ich euch heute zeigen", antwortet Herr Reuter.
„Und noch mehr. Ich möchte euch nämlich heute zu Sternenforschern ausbilden."

„Das ist wirklich eine tolle Überraschung", ruft Anne aufgeregt.
„Dann legen Sie mal los!"

Zuerst legen sich nun alle auf den Rücken und schauen in den Himmel. Dazu kann sich jeder einige Minuten Zeit nehmen.

„Was könnt ihr denn alles am Nachthimmel sehen?", fragt Herr Reuter.
„Ich sehe den Mond. Aber der ist nur halb zu sehen."

Der Ausflug der Sternenforscher

(3/4)

1

„Ich kann ein Flugzeug erkennen. Da blinkt eine rote Lampe.“

„Ich sehe viele funkelnde Sterne.“

Und dann beginnt Herr Reuter, zu erzählen, und die Kinder lauschen gespannt: *„Die hellsten Himmelskörper sind die Sonne und der Mond. Sie sind groß, und wir können sie deutlich erkennen.*
Um die Sonne drehen sich die Planeten. Insgesamt gibt es acht. Sie heißen Merkur, Venus, Erde, Mars, Jupiter, Saturn, Uranus und Neptun. Früher glaubten die Menschen, dass sich die Sterne, die Planeten und auch die Sonne um die Erde drehen. Mit Hilfe eines Merkspruchs könnt ihr euch die Namen und die Reihenfolge der Planeten von der Sonne aus gut einprägen. Er lautet: ‚Mein Vater erklärt mir jeden Sonntag unseren Nachthimmel‘. Der Anfangsbuchstabe eines jeden Wortes steht für einen Planeten. Los, wir wiederholen das einmal.“

Doch es bleibt nicht bei einem Mal. Wie in einem Chor rufen alle zusammen ganz oft den Merksatz: *„Mein Vater erklärt mir jeden Sonntag unseren Nachthimmel – Merkur, Venus, Erde, Mars, Jupiter, Saturn, Uranus und Neptun.“*

Herr Reuter ist aber noch nicht fertig mit seinem Vortrag über die Planeten: *„Merkur, Venus, Mars, Jupiter und Saturn könnt ihr mit bloßem Auge erkennen. Die Planeten funkeln im Gegensatz zu den Sternen nicht. Planet ist ein Wort, das aus der griechischen Sprache kommt und heißt soviel wie ‚Wanderer‘. Ihr könnt euch sicher denken, warum sie so heißen. Weniger deutlich zu erkennen sind Uranus und Neptun. Dazu braucht man ein Fernglas oder ein Teleskop. Daneben gibt es noch viele andere Körper im Sonnensystem. Sie sind kleiner als die Planeten und heißen zum Beispiel Kometen oder Asteroiden.“*

Und nun zeigt Herr Reuter den Kindern die Planeten, die man erkennen kann. Das ist recht schwierig, weil es so viel am Nachthimmel zu sehen gibt. Der Sternenforscher packt nun ein großes Fernrohr aus, und jedes Kind darf hindurchschauen. Jetzt sind viele *„Oooohs“* und *„Aaaahs“* zu hören oder *„Das sieht aber toll aus!“*

Frau Winter hat nicht zu viel versprochen. Die Überraschung ist ihr gelungen. Aber das ist erst der Anfang des langen Abends. Denn jetzt müssen sich alle wieder auf die Wiese legen und noch einmal in den Himmel blicken.

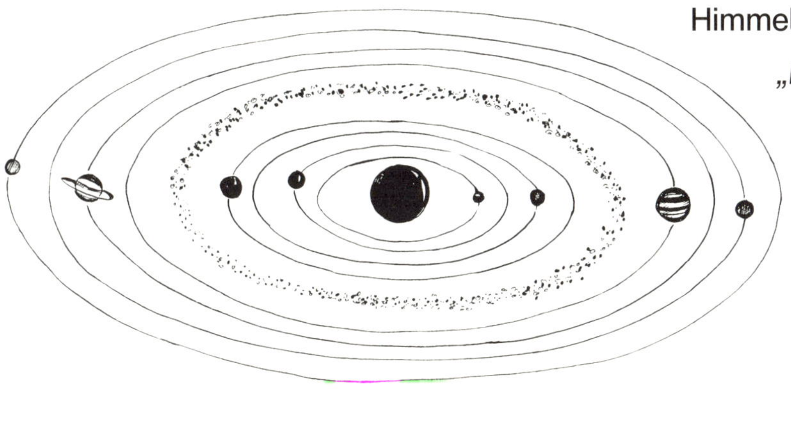

„Das Tollste aber am Himmel sind die vielen kleinen glänzenden Lichter, die Sterne“, erzählt Herr Reuter weiter. *„Versucht doch mal, zu zählen, wie viele ihr sehen könnt!“*

Der Ausflug der Sternenforscher

(4/4)

1 Plötzlich ist ein leises Zahlengemurmel zu hören: *„1, 2, 3, …, 54, 55, …, 122, …“*

„Das ist doch unmöglich“, ruft Pascal, der super in Mathe ist. *„Damit werden wir ja nie fertig.“*

„Du hast Recht“, entgegnet Herr Reuter. *„Es sind viele tausend Sterne, die ihr heute Nacht seht. In Wirklichkeit gibt es aber viele Milliarden Sterne. Sie leuchten so hell wie unsere Sonne. Wenn ihr genau hinschaut, seht ihr quer über den Himmel ganz viele Sterne, wie ein Pinselstrich, den ein Maler an den Himmel gezeichnet hat. Man nennt das auch Milchstraße.“*

„Sind die Sterne unsterblich, oder sterben sie auch?“, fragt Ricarda neugierig.

„Blödsinn“, wird sie von Anne angefaucht. *„Sterne sind doch keine Menschen.“*

„Sie hat schon Recht“, ergänzt der Sternenforscher. *„Auch Sterne werden geboren und sterben irgendwann. Nur werden sie viel, viel älter als wir Menschen. Man schätzt, dass sie viele Milliarden Jahre alt werden können.“*

Herr Reuter weiß noch viele Dinge über Sterne zu erzählen. Alle Kinder hören gespannt zu und die Neugier und das Staunen nehmen kein Ende.

Lied: Wir sind die Sternenforscher-Kinder, **S. 53**, **CD Nr. 1/7/13**

Der Tanz der Sterne

(1/2)

Kapitel 2

Das ist schon ein wunderbarer Ausblick hoch vom Sternenhimmel auf die Erde. Die Sterne erfreuen sich daran, das Leben auf dem Planeten Erde zu betrachten. Und immer wieder können sie beobachten, wie die Menschen hochblicken und über sie reden.

„Schau dir einmal die Kinder dort unten an. Sie liegen auf der Erde und schauen uns an."

„Nicht nur das. Sie reden sogar über uns. Dabei kennen sie uns überhaupt nicht."

„Das würde ich so nicht sagen. Siehst du den Mann mit dem Gerät vor den Augen? Der hat sicher ganz viel Ahnung. Ich habe ihn schon oft beobachtet. Die meiste Zeit blickt er in den Himmel. Der scheint sonst nichts zu tun."

„Ich leuchte ja schon Tausende von Jahren, und ich kann euch sagen, dass es schon immer Menschen gegeben hat, die uns beobachtet haben. Manche machen das einfach so, weil sie sich an uns erfreuen wollen. Für andere ist es ihr Beruf, uns zu beobachten. Man nennt sie Sternenforscher."

„Und was ist das für ein Gerät, das der Mann dort vor die Augen hält?"

„Das ist ein Fernrohr. Seine Erfindung hatte große Bedeutung für die Menschen. Wenn man hindurchschaut, kann man Dinge, die sehr weit entfernt sind, ganz nah sehen."

„Eine tolle Erfindung. Dann können die da unten also genau sehen, was wir hier oben machen."

„Schau mal, jetzt verteilt der Sternenforscher kleine Ferngläser an die Kinder."

„Ich glaube, wir zeigen ihnen jetzt mal, was wir alles draufhaben, damit sie so richtig ins Staunen geraten. Also, nichts wie los!"

Und nun strahlen alle Sterne in ihrer ganzen Pracht. Und nicht nur das. Sie bewegen sich hin und her und drehen sich im Kreis. Es ist ein richtiger Sternentanz, den sie aufführen.

Die Kinder auf der Erde blicken durch ihre Ferngläser und sind ganz erstaunt über das, was sie sehen.

Lied: Sternentanz, **S. 54, CD Nr. 2/8/14**

Der Tanz der Sterne

(2/2)

2 *„Schaut euch das mal an“*, ruft Anika ganz laut. *„Ich glaube, die sehen, dass wir sie beobachten, und zeigen uns jetzt, was sie alles können.“*

„Alles Quatsch“, erwidert ihr Uli unbeeindruckt. *„Das bildest du dir nur ein.“*

Doch auf einige Kinder wirkt der Tanz der Sterne ansteckend, und sie bewegen sich mit im Rhythmus der Sterne.

© Verlag an der Ruhr | Postfach 10 22 51 | 45422 Mülheim an der Ruhr | www.verlagruhr.de | ISBN 978-3-8346-0462-0

Der Stern, der nicht leuchten wollte

(1/2)

Kapitel 3

Ganz erschöpft müssen sich die Sterne nach ihrer Aufführung zurücklehnen und ausruhen. Sie sind richtig außer Puste geraten. Doch sie sind sehr zufrieden mit ihrer Tanzeinlage für die kleinen Sternenforscher.

„Ist das nicht ein gutes Gefühl, wenn man die Menschen so einfach erfreuen kann? Ich habe immer wieder meinen Spaß daran."

Ein wenig abseits sitzt ein kleiner Stern, der gelangweilt vor sich hin blickt. *„Alles Blödsinn"*, murmelt er. *„Das ist mir hier alles zu langweilig. Tag für Tag nur hier am Himmel rumhängen. Und das soll noch ein paar Milliarden Jahre so weitergehen. Nein danke! Ich will endlich mal richtig etwas erleben."*

Das versetzt natürlich die älteren Sterne in Aufregung.

„Was willst du denn überhaupt? Werde erst mal größer und älter, wenn du mitreden willst."

„So etwas habe ich in der gesamten Milchstraße noch nicht erlebt. Das ist ja eine Unverschämtheit, wie sich der Lümmel benimmt!"

„Halt! Halt! Halt!", ruft ein alter Stern in das Stimmengewirr hinein. *„Ich kann dich gut verstehen, kleiner Stern. Ich habe schon viele kleine Sterne erlebt, die sich genauso gefühlt haben wie du."*

Nun setzen sich alle Sterne um den alten Stern, denn sie wissen, dass er nun wieder einmal eine seiner schönen Geschichten aus alten Zeiten erzählen wird. Auch der rebellische kleine Stern setzt sich dazu.

„Eigentlich ist es noch gar nicht so lange her", fährt der alte Stern fort. *„Vor etwa 2000 Jahren spielte sich folgende Geschichte ab. Schließt am besten eure Augen, damit ihr euch vorstellen könnt, wie das damals war."*

Alle Sterne in der Runde schließen die Augen und der alte Stern beginnt mit seiner Erzählung:

„Damals, vor etwa 2000 Jahren, gab es so etwas wie einen Aufstand der jungen Sterne. Sie langweilten sich wie du und wollten Abenteuer erleben. Der Anführer der

Der Stern, der nicht leuchten wollte

(2/2)

3 jungen Sterne rief die anderen jungen Sterne sogar dazu auf, nicht mehr zu leuchten. Und so musste der Rat der Sterne sich zusammensetzen und überlegen, was zu tun sei.
Denn was wäre wohl passiert, wenn nach und nach alle jungen Sterne das Leuchten verweigert hätten? Irgendwann wären sie dann ausgestorben und der Himmel wäre dunkel. Doch keiner der älteren Sterne hatte einen richtig guten Einfall.

‚Den jungen Stern zu bestrafen, wäre falsch', meinte der hellste Stern. ‚Wir müssen ihn für eine Aufgabe begeistern. Er muss etwas ganz Besonderes tun.'

Und so überlegten sie viele Stunden und Tage und kamen doch zu keiner Lösung. Der Himmel wurde immer dunkler.

‚Wir beobachten einfach, was unten auf der Erde geschieht', schlug ein Stern vor. ‚Vielleicht sehen wir etwas, wofür wir ihn begeistern können.'

Und so richteten sie ihren Blick nach unten und schauten von Kontinent zu Kontinent, von Land zu Land. Besonders achteten sie darauf, wenn Menschen suchend in den Himmel blickten. Das konnte ein Zeichen dafür sein, dass die Sterne gebraucht wurden.

‚Schau, da sitzt ein Liebespaar. Sie blicken beide nach oben. Aber ich glaube, sie genießen nur unseren Anblick, weil sie so verliebt sind.'

‚Ich sehe jemanden, der die Hände nach oben hebt und schreit. Aber der meint sicher nicht uns, sondern Gott, den er hier oben vermutet.'

‚Ich sehe etwas Interessantes. Schaut doch genau hin. Da sind drei Männer, die durch die Wüste ziehen und suchend nach oben blicken. Ich glaube, die suchen wirklich etwas. Seid leise, damit wir hören, was sie sagen.'"

Sterndeuter suchen den Weg

Kapitel 4

„Es waren drei Weise, die sich auf den Weg gemacht hatten“, fährt der alte Stern seine Erzählung fort. *„Als ‚weise‘ bezeichnet man Menschen, die sehr viel über die Welt und die Menschen wissen. Sie haben viele Bücher gelesen. Und sie stellen viele Fragen und suchen nach Antworten. Diese drei Weisen waren auf einem mühsamen Weg durch die Wüste. Sie unterhielten sich eifrig, sogar mit den Händen. Ihre Köpfe drehten sie hin und her.*

‚Wenn wir die alten Bücher richtig gelesen haben, muss es so sein, dass Gott den Menschen bald erscheint. Er schickt ihnen einen Boten, der zu ihnen sprechen und Zeichen von Gott setzen soll.‘

‚Andere Schriften sprechen sogar vom neugeborenen König der Juden. Er soll der Erlöser, der von Gott geschickte Heilsbringer für das Volk Israel sein, der Messias.‘

‚Wenn das stimmt, ist die Richtung klar. Wir müssen zunächst nach Jerusalem zum Palast des Königs. Aber wie lautet das genaue Ziel?‘

‚Aber wir haben doch auch gelesen, dass es ein Zeichen geben soll, das uns zum Erlöser führen soll.‘

‚Doch was für ein Zeichen soll das sein? Wir sind jetzt schon so lange unterwegs und haben Tag und Nacht Ausschau gehalten. Seht doch, am Himmel sind nur die bekannten Sterne zu sehen. Dort ist das Sternbild des Bären, dort das Bild des Orion. Kein Zeichen am Himmel. Was sollen wir nur tun?‘

‚Vielleicht haben wir etwas beim Lesen der Bücher überlesen oder falsch gedeutet?‘

‚Ich glaube, wir müssen noch ein wenig Geduld haben und genau hinhören und hinsehen. Die Aufgabe, die wir haben, ist zu wichtig, um voreilig aufzugeben.‘

Und so gingen sie weiter ihren Weg und hielten Ausschau nach dem gesuchten Zeichen.“

Lied: Wo ist der Weg?, **S. 55, CD Nr. 3/9/15**

© Verlag an der Ruhr | Postfach 10 22 51 | 45422 Mülheim an der Ruhr | www.verlagruhr.de | ISBN 978-3-8346-0462-0

Auch Sterne haben Namen

(1/4)

Kapitel 5

Die Sternenforscher-Kinder sitzen und liegen weiterhin auf der Waldwiese und beobachten die Sterne. Sie haben viele Fragen, und Herr Reuter beantwortet sie ihnen geduldig. Besonderen Spaß macht es ihnen, den Sternenhimmel mit den Ferngläsern zu erkunden.

„Schau dir nur mal an, wie der glitzert und blinkt. Das sieht ja toll aus!"

„Ich sehe zwei Sterne, die sich unterhalten. Sie leuchten abwechselnd. Was sie sich wohl erzählen?"

„Dann will ich euch noch etwas ganz Besonderes zeigen", sagt Herr Reuter und löst sofort wieder gespannte Erwartung bei den Kindern aus.

„Nehmt einfach mal die Ferngläser von den Augen weg. Und nun versucht ihr einmal, nicht nur einen Stern zu betrachten, sondern mehrere auf einmal. Wenn ihr euch dabei konzentriert und eure Fantasie bemüht, könnt ihr Sternbilder am Himmel sehen. Versucht es!"

„Das ist schwer", ruft Ricarda angestrengt. *„Bei mir klappt das einfach nicht."*

„Dann will ich euch einen Trick verraten. Ein Sternbild entsteht, wenn ihr euch Linien zwischen den einzelnen Sternen vorstellt. Versucht es nochmals." Und plötzlich sind wieder viele *„Oohs"* und *„Aahs"* zu hören.

„Es funktioniert bei mir. Ich sehe ein Auto."

„Und ich sehe einen Eimer."

„Ich kann ein Gesicht sehen."

Plötzlich sehen die Kinder alles Mögliche. Wahrscheinlich haben sie ihre Fantasie doch ein wenig zu sehr angestrengt. Herr Reuter unterbricht sie.

© Verlag an der Ruhr | Postfach 10 22 51 | 45422 Mülheim an der Ruhr | www.verlagruhr.de | ISBN 978-3-8346-0462-0

Auch Sterne haben Namen

(2/4)

5 *„Halt, es ist jetzt genug. Ich will euch nämlich noch etwas Interessantes erzählen. Wenn der Himmel klar ist, können wir etwa 2000 Sterne sehen. Und wenn ihr genau hinschaut, seht ihr ganz helle und weniger helle Sterne. Um eine Figur zu sehen, muss man die besonders hellen Sterne betrachten, die am Himmel nebeneinander zu sehen sind. Natürlich sind die Sterne in Wirklichkeit ganz weit voneinander entfernt. Sie bewegen sich auch. Bei der weiten Entfernung können wir das aber nicht erkennen. Das ist ähnlich wie bei Flugzeugen. Auch bei ihnen meint man, sie würden nur am Himmel schleichen. Dabei fliegen sie mit hoher Geschwindigkeit."*

„Haben die Sterne denn auch Namen?", will Aslan wissen.

„Natürlich haben die Menschen den Sternen Namen gegeben und sich Geschichten über sie und die Sternbilder ausgedacht. Besonders die hellen Sterne bekamen Namen."

„Und wie heißen die?", fragt Pascal.

„Als Erstes haben arabische Sternenforscher den Sternen Namen gegeben. Das ist schon über 1000 Jahre her. Die hießen dann Beteigeuze oder Rigel. Später gab man den Sternen dann die Namen griechischer Buchstaben und setzte dahinter den Namen des Sternbildes. Die Sterne im Bild des Orion heißen etwa Alpha Orionis oder Beta Orionis. Alpha, Beta und Gamma sind in unserer Sprache a, b und c. Als die griechischen Buchstaben alle vergeben waren, setzte man einfach Zahlen davor."

„Das ist ja fast wie mit unseren Namen. Manche haben dieselben Nachnamen, aber die Vornamen sind anders", fällt Peter ein.

„Ich sehe, ihr habt es verstanden", lobt Herr Reuter.

„Erzählen Sie bitte weiter!", ruft Ricarda.

„Stimmt, ich war ja noch nicht ganz fertig. Zu den Sternbildern wollte ich euch noch etwas sagen. Mehrere Sterne zusammen ergeben also ein Bild. Wir Sternenforscher haben insgesamt 88 Sternbilder festgelegt und jeden Stern einem solchen Sternbild zugeordnet. Das war eine sehr komplizierte Arbeit, die sehr lange gedauert hat.
Manche Sternbilder sind schon sehr alt. Die Menschen in Griechenland oder in Arabien erzählten sich schon vor Tausenden von Jahren Märchen oder Legenden über sie. So konnten sie sich die Namen auch leichter merken.
Das war wichtig, weil manche sich nach ihnen richten mussten.
Zum Beispiel benutzten Seefahrer oder Reisende in der Wüste sie als Wegweiser, als es noch keine Karten oder Navigationsgeräte gab. So verirrten sie sich nicht auf dem Wasser oder im Sand."

Auch Sterne haben Namen

(3/4)

5

„Und wie lauten nun die Nachnamen?“, will es Peter genau wissen. Auf diese Frage hatte Herr Reuter natürlich gewartet.

„Ich will euch jetzt eines der bekanntesten Sternbilder zeigen. Es ist heute in der schönen, klaren Nacht gut zu erkennen. Also, schaut alle bitte wieder in den Himmel.“

„Ihr passt ja richtig gut auf heute“, meint Frau Winter stolz.

„Ihr müsst jetzt besonders auf die ganz hellen Sterne achten, genau über uns. Ihr könnt dort eins, zwei, drei, vier, fünf, sechs, sieben Sterne sehen, die viel stärker leuchten als die anderen. Seht ihr sie?“

„Ja, ich kann sie genau sehen“, ruft Helena und ist selbst erstaunt.

„So, und nun überlegt einmal ganz genau, welches Bild ihr seht. Denkt daran, euch die Linien vorzustellen.“

Die Kinder machen angestrengte Gesichter, und man kann richtig spüren, wie angespannt sie nachdenken.

„Also, ich sehe ein Viereck“, fantasiert Ricarda.

„Genau“, ruft Kevin, *„und davor sehe ich noch eine lange, gebogene Linie.“*

Herr Reuter ist begeistert von der Vorstellungskraft der Kinder.

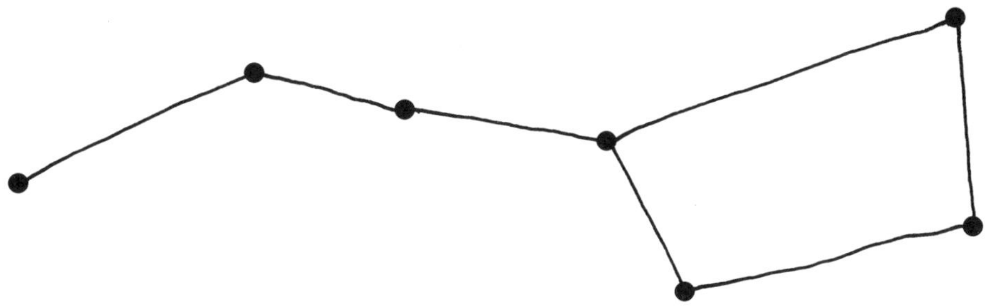

„Ihr habt es genau richtig gesehen. Das Viereck mit der Linie davor sieht aus wie ein Karren, und das Sternbild trägt den Namen ‚Großer Wagen‘. Schaut euch das Bild noch ein wenig in Ruhe an. Und wenn ihr demnächst in der Dunkelheit in den Himmel schaut, werdet ihr ihn sofort wiedererkennen. Andere bekannte Sternbilder heißen ‚Orion‘, ‚Großer Bär‘, ‚Großer Hund‘, ‚Stier‘ oder ‚Schwan‘.“

Der kleine Max blickt während der Ausführungen von Herrn Reuter ein wenig nachdenklich in die Runde.

„Was ist denn mit dir?“, fragt ihn Frau Winter.

„Ach, ich habe mir gerade überlegt, dass die Sterne vielleicht ganz andere Namen haben könnten. Namen, die etwas ganz Wichtiges für die Menschen bedeuten.“

„Die Idee ist gar nicht schlecht“, ergänzt ihn Frau Winter.

Auch Sterne haben Namen

(4/4)

5 *„Ihr habt ja schon gehört, dass die Menschen früher viele Geschichten über die Sterne erzählten."*

„Und wie könnten die Namen heißen?", fragt Dustin nach.

„Der Stern, den ich jetzt gerade anblicke, der könnte zum Beispiel ‚Liebe' heißen." Und dabei schaute die Lehrerin strahlend in den Himmel.

„Das ist aber wirklich ein komischer Name. Ein Stern kann doch nicht ‚Liebe' heißen", ruft Peter in die Runde.

„Aber stell dir doch einmal vor, alle Sterne hätten Namen, die ganz wichtig sind für die Menschen. Und das ist die Liebe nun mal. Und wenn die Menschen dann Streit haben und blicken in den Himmel und der Stern der Liebe erstrahlt, dann würden sie sich daran erinnern", beginnt Max zu träumen.

„Ich finde, das ist eine gute Idee", unterstützt Lena Max. *„Mein Stern heißt ‚Vertrauen', weil das auch ganz wichtig ist."*

„Ich nenne meinen Stern ‚Frieden'. Er ist der Friedensstern", hat plötzlich Peter seine Meinung geändert.

„Und mein Stern trägt den Namen ‚Hoffnung', weil ohne die Hoffnung nichts geht", ergänzt Ivana die Aufzählung der neuen Sternnamen.

Und auf einmal sind die Kinder begeistert von der Idee, und es werden noch viele Namen genannt. Einer kommt sogar auf die Idee, Geschichten über die Sterne mit diesen wichtigen Namen zu erfinden. Frau Winter muss die Kinder wieder einmal bremsen und gibt ihnen die Geschichten als Hausaufgabe auf. Weil es nun schon sehr spät ist, fangen alle an, ihre Sachen einzusammeln und sich auf den Rückweg vorzubereiten.

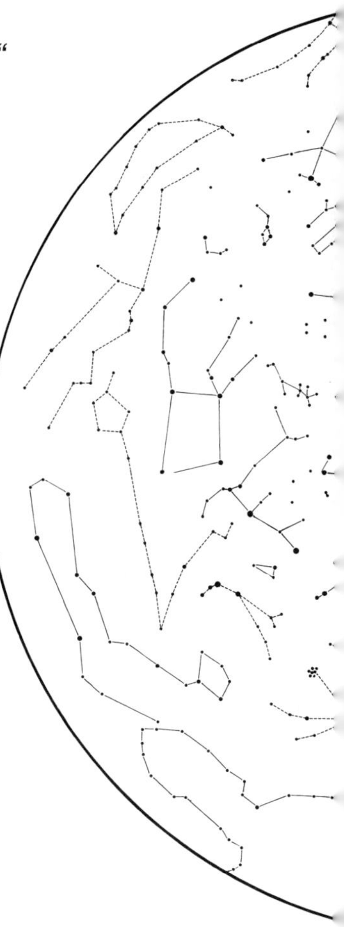

LIED: Siehst du den Stern am Himmel leuchten?, **S. 56, CD Nr. 4/10/16**

Eine Aufgabe für den jungen Stern

(1/2)

Kapitel 6

Die Sterne haben von der Aufregung der Kinder gar nichts mitbekommen. Sie lauschen gebannt der Geschichte des alten Sterns. Der erzählt weiter:
*„Der Rat der Sterne hatte genau beobachtet und zugehört, worüber sich die drei weisen Männer unterhalten hatten. Man konnte richtig erkennen, wie ihre Gesichter immer mehr leuchteten.
Wahrscheinlich hatten alle dieselbe Idee.*

‚Das ist es!'

‚Ich glaube, ich weiß, welche Aufgabe wir dem jungen Stern geben müssen.'

‚Da kann er nicht Nein sagen.'

‚Das wird ganz sicher Ruhe in unseren Sternenhimmel bringen.'

‚Immer mit der Ruhe', sprach der hellste Stern. ‚Ich kann mir schon vorstellen, welche Aufgabe ihr ihm geben wollt: die drei weisen Männer zu ihrem Ziel zu führen. Aber bedenkt, dass es da noch ein Problem gibt.'

‚Welches Problem denn? Der Auftrag ist doch klar: Der junge Stern zeigt den Weisen den Weg. Somit hat er eine sinnvolle Aufgabe und kommt nicht mehr auf dumme Gedanken', erwidert ein anderes Mitglied des Sternenrates.

‚Das Problem ist: Zu welchem Ziel soll er sie denn führen? Die Männer sagten doch, dass sie es gar nicht kennen. Sie warten auf ein Zeichen, das ihnen den Weg zeigt.'

‚Also müssen wir das Ziel herausfinden. Überlegt noch einmal, was wir gehört haben: Das Ziel ist der neugeborene König der Juden. Er soll der Erlöser des Volkes Israel sein. Also müssen wir uns in Israel umschauen.'

‚Es muss sich um eine schwangere Frau handeln. Sie wohnt wahrscheinlich in einem Königspalast. Rasch, ihr Sterne, haltet Ausschau! Sucht jedes Fleckchen Erde ab!'

Es sprach sich am Sternenhimmel schnell herum, dass ein kleiner König gesucht werden sollte. Millionen von Sternen richteten ihre Blicke auf die Erde, doch keiner konnte eine schwangere Königin finden.

Und so setzte sich der Rat der Sterne wieder zusammen, um eine Lösung zu finden.

‚Ich schlage vor, dass der junge Stern die weisen Männer zum Königspalast des Herodes führt. Das ist der einzige Ort, an dem das Kind geboren werden kann', schlug der hellste Stern vor. Und so rief er den kleinen Stern zu sich und erklärte ihm seine Aufgabe:

‚Junger Stern, der Rat der Sterne hat einen ganz besonderen Auftrag für dich. Wir haben dich ausgewählt, weil wir glauben, dass du ihn gut erfüllen wirst', erläuterte der hellste Stern.

Eine Aufgabe für den jungen Stern

(2/2)

6 ‚Ich soll wirklich einen besonderen Auftrag erhalten?', fragte der junge Stern und konnte es kaum fassen.

‚Ja, du!', entgegnete ihm der hellste Stern. ‚Du sollst drei weise Männer zu einem Palast in Israel führen. Dazu musst du deine ganze Leuchtkraft einsetzen, damit sie dich gut erkennen können.'

‚Und was ist das Besondere an diesem Auftrag?', wollte der junge Stern wissen.

‚In diesem Palast soll ein Kind geboren werden, das die Weisen suchen. Der Junge soll im Auftrag Gottes das Volk Israel erlösen.
Was genau geschehen wird, wissen wir noch nicht', erläuterte der hellste Stern die Aufgabe.

‚Endlich gibt es einmal etwas zu tun hier am Himmel! Ich mache mich sofort auf den Weg', sagte der junge Stern. Er stellte sich hin und suchte die Weisen und das Ziel, zu dem er sie führen sollte.

‚Da sind sie ja, die drei weisen Männer. Und da ist das Ziel, der Palast des Königs. Jetzt werde ich den alten Sternen zeigen, was ich kann.'

Und so nahm er seine ganze Kraft zusammen und leuchtete so stark, wie er es noch nie in seinem jungen Leben getan hatte.

Die Weisen bei Herodes

(1/2)

Kapitel 7

Die drei weisen Männer waren noch immer auf dem Weg und suchten nach einem Zeichen, das ihnen den Weg zeigen sollte.

‚Schon viele Tage und Nächte sind wir unterwegs. Ich bin sehr müde.'

‚Wir müssen noch ein wenig durchhalten, denn die Zeit drängt.'

‚Wir müssen den neugeborenen König finden.'

Wie schon so oft hoben sie die Hände zum Schutz vor der Sonne über ihre Augen und suchten den Horizont und den Himmel ab.

‚Da! Schaut doch! Dieses Leuchten am Himmel. Seht ihr den Stern, der mitten am Tag strahlt?'

‚Das muss das Zeichen sein, von dem die Schriften erzählen. Lasst uns ihm folgen.'

Und so machten sie sich voller Mut auf den Weg und waren einige Stunden unterwegs. Dann blieb der Stern plötzlich stehen. Die Weisen standen vor einem großen Palast. Ihnen wurde der Weg von zwei Soldaten versperrt.

‚Halt! Bleibt stehen. Was ist euer Begehren?', fragte einer der Torwächter.

‚Wir wollen den neugeborenen König sehen und ihn beschenken', antwortete einer der Weisen.

‚Wo wollt ihr hin? Zu einem neugeborenen König? Hier gibt es keine Babys im Palast. Das wüssten wir', antwortete der andere Soldat den drei Männern.

‚Dann möchten wir den König sprechen und ihm selbst unser Anliegen vortragen', entgegnete einer der Weisen.

Die Soldaten führten die Männer zum König Herodes.
‚Was führt euch zu mir?', fragte er.

‚Wo ist der neugeborene König der Juden, von dem uns die Schriften berichten? Wir haben seinen Stern aufgehen sehen und sind gekommen, um ihn zu verehren.'

‚Ich verstehe eure Frage nicht. Welchen neugeborenen König meint ihr? Hier seid ihr am falschen Ort', erwiderte Herodes.

‚Nein, wir müssen hier richtig sein. Wir haben viele Jahre die Bücher studiert, und wir sind von einem Stern hierher geführt worden. Hier muss der Messias, der Erlöser, geboren worden sein', entgegnete einer der Weisen.

Bei diesen Worten schickte Herodes die Weisen weg: ‚Erholt euch ein wenig, und esst und trinkt. Ich werde mich mit meinen Ratgebern beraten und euch dann wieder rufen lassen.' Als die Weisen den Saal verlassen haben, sprang er wütend von seinem Thron auf. ‚Ruft die Schriftgelehrten und Hohen Priester', brüllte er seine Diener an. Nach kurzer Zeit kamen

Die Weisen bei Herodes

(2/2)

7

sie mit einigen Männern zurück, die alte Bücher und Schriftrollen in den Händen hielten.

‚Sagt mir sofort, wo der Messias geboren werden soll. Schlagt in allen Büchern nach', forderte er die Schriftgelehrten auf. Diese blätterten nervös in ihren Schriften.

‚Hier steht es', antwortete einer. ‚In Betlehem in Judäa wird er geboren. So steht es bei dem Propheten: Du, Betlehem im Gebiet von Juda, bist keineswegs die unbedeutendste unter den führenden Städten von Juda; denn aus dir wird ein Fürst hervorgehen, der Hirt meines Volkes Israel.'

Herodes bekam einen Wutanfall und schrie die Gelehrten an:
‚Warum hat mir das niemand gesagt und mich gewarnt?
Ich bin der König und sonst niemand! Ich werde es verhindern, dass sich ein anderer auf meinen Thron setzt. Schon gar nicht ein Kind!
Holt mir die weisen Männer zurück. Sie sollen das Kind suchen.'

Die Diener brachten die drei Weisen zurück zum König.

‚Ich habe eine gute Nachricht für euch', stellte er sich freundlich.
‚In Betlehem soll er geboren werden, der König. Und ich freue mich sehr darüber. Geht los, und sucht das Kind. Und wenn ihr es gefunden habt, kommt zu mir zurück, damit auch ich es verehren kann.'

Die Weisen verließen den Palast und machten sich wieder auf den Weg. Es war für sie nicht schwer, den richtigen Ort in Betlehem zu finden. Der junge Stern, der sie zum Palast geführt hatte, hatte gesehen, wo in Betlehem sich ein neugeborenes Kind befand. Nun zog er vor ihnen her und führte sie zu einem Stall, über dem er stehen blieb.
Dort sahen die weisen Männer einen Mann und eine Frau, die vor einer Krippe standen, aus der sonst die Tiere fressen. Aber in der Krippe lag das Kind, nach dem sie so lange gesucht hatten. Die Weisen legten Geschenke vor die Krippe und verneigten sich vor ihm.

Lied: Wir haben dich gefunden, **S. 57, CD Nr. 5/11/17**

Einer der weisen Männer blickte in den Himmel und sprach:
‚Stern, wir danken dir, dass du uns mit deinem Leuchten den Weg gezeigt hast. Du bist ein ganz besonderer Stern, und die Menschen werden noch lange von dir reden. Denn du bist der Stern von Betlehem.'"

Der kleine Stern will groß werden

Kapitel 8

Der alte Stern hat seine Geschichte zu Ende erzählt. Und alle anderen halten noch immer ihre Augen geschlossen. Es ist ganz still am Sternenhimmel.

„Das war schön“, entfährt es dem kleinen Stern, der alles so langweilig findet. *„Und was ist aus dem Stern von Betlehem geworden?“*

„Er ist der Held am Sternenhimmel. Und auch die Menschen bewundern ihn noch heute. Sie erzählen immer wieder seine Geschichte. Denn das kleine Kind in der Krippe ist dem wütenden Herodes entkommen. Es ist ein ganz großer Mann geworden. Er erzählte den Menschen von dem guten Gott und dass sie sich lieben sollten. Und seine Freunde glauben daran, dass er der Sohn Gottes ist. An einem Tag im Jahr erinnern sie sich besonders an die Geburt des Kindes und feiern ein großes Fest.“

„Und das haben sie alles dem Stern von Betlehem zu verdanken!“, sagt der kleine Stern anerkennend. *„So einer will ich auch werden, ein Stern, der eines Tages ganz groß wird, weil er gezeigt hat, dass er etwas kann, und weil er eine wirklich wichtige Aufgabe übernommen hat. Eigentlich kann das doch jeder!“*

„Ja, sicher!“, entgegnet ihm einer der älteren Sterne. *„Eines Tages wird für dich vielleicht auch der Moment kommen, an dem du eine besondere Aufgabe übernehmen wirst. Aber wie bei allen Dingen musst du erst ganz klein anfangen.“*

„Ich glaube, damit kann er sofort beginnen“, pflichtet ihm ein weiterer Stern bei. *„Schaut euch mal da unten die Kinder an. Sie laufen ziemlich unruhig im Wald herum. Ich glaube, sie haben sich verlaufen. Also, kleiner Stern, bist du bereit für diese kleine Aufgabe? Zeige den Kindern den Weg!“*

Danke, kleiner Stern!

Kapitel 9

Die Sternenforscher-Kinder haben ihre Beobachtung des Sternenhimmels beendet. Wie bei der Wanderung in den Wald halten sich alle wieder an dem Seil fest, damit niemand verlorengeht. Und so marschieren sie ziemlich erschöpft und wollen nur noch nach Hause.

„Was bin ich froh, wenn ich in meinem Bett liege!"

„Ich werde sicher sofort einschlafen und von den Sternen träumen."

*„Und ich habe richtig großen Hunger und Durst.
Hoffentlich sind wir bald da."*

„Warum bleiben wir stehen, Frau Winter? Haben wir uns verlaufen?", ruft Lisa in den Wald hinein.

Frau Winter und Herr Reuter leuchten mit einer Taschenlampe auf eine Landkarte und machen einen recht ratlosen Eindruck. *„Keine Angst, wir werden den richtigen Weg schon noch finden. Herr Reuter ist ein guter Kartenleser, und er ist ja oft nachts unterwegs"*, beruhigt Frau Winter die Kinder.

„Da hätte ich einen anderen Vorschlag, wie wir wieder aus dem Wald herausfinden", sagt Peter und zeigt dabei in den Himmel. *„Herr Reuter hat uns doch erzählt, dass die Menschen früher den Weg mit Hilfe der Sterne gefunden haben. Schaut euch mal den kleinen Stern dort oben an, wie der blinkt und strahlt. Der will uns bestimmt den Weg zeigen."*

„Ja, der war ganz bestimmt eben noch nicht da", meint Anika.

„Los", rufen Max, Lena und Ivana durcheinander.

„He, Moment mal!", rufen Frau Winter und Herr Reuter.

Aber die Kinderschlange bewegt sich schon wieder vorwärts.
Frau Winter und Herr Reuter trotten etwas unsicher hinterher.
Doch die Kinder blicken auf ihrem Weg immer wieder nach oben in den Himmel auf den kleinen Stern, so lange, bis sie aus dem Wald herausgefunden haben. Und sicher glauben einige ganz fest daran, dass es der Stern war, der ihnen den richtigen Weg gezeigt hat.

„Das ist ja fast wie in der Weihnachtsgeschichte, in der der Stern von Betlehem den weisen Männern den Weg zu Jesus gezeigt hat", sagt Denis.

„Danke, kleiner Stern!", rufen alle Kinder im Chor und blicken dabei hinauf zu dem kleinen Stern, der ganz stolz strahlt und leuchtet.

Lied: Du kannst ein Stern sein, **S. 58, CD Nr. 6/12/18**

Rollenliste

Die Sternenforscher

Frau Winter (Lehrerin): ____________________

Herr Reuter: ____________________

(Sternenforscher):

Kind 1: ____________________

Kind 2: ____________________

Kind 3: ____________________

Kind 4: ____________________

Kind 5: ____________________

Kind 6: ____________________

Kind 7: ____________________

Kind 8: ____________________

Kind 9: ____________________

Kind 10: ____________________

Sterne heute

Stern 1: ____________________

Stern 2: ____________________

Stern 3: ____________________

Der alte Stern: ____________________

Stern 4: ____________________

Der kleine Stern: ____________________

Sterne früher

Stern 5: ____________________

Der hellste Stern: ____________________

Stern 6: ____________________

Stern 7: ____________________

Der junge Stern: ____________________

Die 3 Weisen

Weiser 1: ____________________

Weiser 2: ____________________

Weiser 3: ____________________

Soldat 1: ____________________

Soldat 2: ____________________

Diener 1: ____________________

Diener 2: ____________________

Herodes: ____________________

Schriftgelehrter 1: ____________________

Schriftgelehrter 2: ____________________

Hoher Priester 1: ____________________

Hoher Priester 2: ____________________

Maria: ____________________

Josef: ____________________

© Verlag an der Ruhr | Postfach 10 22 51 | 45422 Mülheim an der Ruhr | www.verlagruhr.de | ISBN 978-3-8346-0462-0

Bühnenaufbau

Die Bühne ist in 4 Spielbereiche aufgeteilt: Die Sternenforscher-Kinder, die Sterne heute, die Sterne früher und die 3 Weisen.

Hier seht ihr ein Beispiel für einen möglichen Aufbau. Je nach Szene wird ein Bereich angestrahlt.

Der Ausflug der Sternenforscher

(1/5)

Szene 1

Licht: halbdunkel

Spielbereich: Sternenforscher-Kinder

Kostüme: keine

Requisiten:
- eine große Uhr, deren Zeiger auf 20:00 Uhr stehen
- eventuell Bäume aus Pappe, aufgehängte Sterne
- CD, Waldgeräusche laufen während der Szene
- langes Seil
- Koffer
- Fernrohr
- gebastelte Ferngläser (s. Arbeitsblatt S. 60)

Personen	**Text**
Kind 1 *Kinder stehen in Gruppen zusammen und unterhalten sich.*	Da bin ich wirklich gespannt, was uns Frau Winter heute Nacht Besonderes zeigen will.
Kind 2	Was soll das schon Besonderes sein. Ich bin mit meinem Opa schon oft nachts unterwegs gewesen. Wenn man eine Taschenlampe dabeihat, kann man alles genau sehen.
Kind 3	Ich habe aber doch ein bisschen Angst. Stellt euch mal vor, wir verlaufen uns im Dunkeln.
Frau Winter *Frau Winter tritt auf. Kinder wenden sich ihr zu.*	Liebe Jungen und Mädchen. Ich begrüße euch zu unserer Nachtwanderung. Ich habe euch etwas Besonderes versprochen. Ihr müsst aber noch ein wenig Geduld haben. Zunächst geben sich alle Kinder die Hand.
Kind 2 *Kind verschränkt die Arme.*	Ich gehe doch mit keinem Hand in Hand! Ich bin doch kein kleines Kind mehr.
Frau Winter	Das machen wir ja nur, damit wir keinen verlieren.

1

Der Ausflug der Sternenforscher

(2/5)

Personen	Text
Kind 4 *Kind zieht aus seinem Rucksack ein langes Seil. Es wirft es in die Menge, jedes Kind greift danach. Kinderschlange bewegt sich über die Bühne. Frau Winter ist vorne und zeigt immer wieder mit dem Zeigefinger in eine Richtung. Hinten geht ein Mann mit einem großen Koffer, der zum Schluss die Bühne betreten hat.*	Da hätte ich eine andere Idee. Ich habe hier ein ziemlich langes Seil. Wenn wir das alle anfassen, geht auch keiner verloren.
Mehrere Mädchen *Nach kurzer Zeit packt ein Junge eine Taschenlampe aus und leuchtet in der Gegend herum. Er blendet die Mädchen, die laut kreischen.*	Aufhören! Aufhören!
Frau Winter *Frau Winter ruft laut.*	Stehen bleiben! Steck bitte die Taschenlampe weg!
Frau Winter *Die Kinder bleiben stehen und werden ruhig. Frau Winter spricht mit ernstem Gesicht.* *Die Kinder wandern leise weiter, schauen sich dabei um und hören genau hin.*	Wenn wir jetzt weitergehen, gelten einige Regeln, die ihr alle einhalten müsst. Keiner von uns benutzt eine Taschenlampe. So gewöhnen sich eure Augen an die Dunkelheit. Ihr werdet feststellen, dass ihr nach einiger Zeit viel mehr seht, denn der Mond spendet ein bisschen Licht. Wir verhalten uns ganz ruhig, damit wir keine Tiere im Wald verscheuchen. Versucht einmal, genau hinzuhören, welche unbekannten Geräusche ihr wahrnehmen könnt. Und schaut ab und zu in den Himmel, und beobachtet, was ihr dort seht. Wir gehen jetzt noch fünf Minuten tiefer in den Wald, und dann kommt meine Überraschung.
Frau Winter *Alle setzen sich im Halbkreis auf den Boden. Frau Winter nimmt die Kinder dran, oder sie rufen einander auf.*	Auf dieser Lichtung bleiben wir. Setzt euch ruhig auf die Wiese. Nun erzählt mal, was ihr alles gehört und gesehen habt.
Kind 5	Ich habe ein ganz unheimliches Jaulen gehört. Das war bestimmt ein Fuchs.
Kind 6	Ich habe einen Kauz gehört.

Der Ausflug der Sternenforscher

(3/5)

1

Personen	Text
Kind 7 *Kind breitet die Arme aus.*	Ich habe in einem Baum einen riesengroßen Vogel gesehen, der seine Flügel bewegt hat.
Kind 8	Ich habe in den Himmel geguckt und ganz viele Sterne gesehen.
Frau Winter *Sie zeigt auf den Mann mit dem Koffer.*	Ihr habt euch bestimmt schon gefragt, wer denn der Mann ist, der heute mit uns geht. Er heißt Herr Reuter und ist von Beruf Sternenforscher.
Kind 6	Was macht ein Sternenforscher?
Herr Reuter	Nun, das wollte ich euch heute zeigen – und noch mehr. Ich möchte euch nämlich heute zu Sternenforschern ausbilden.
Kind 6	Das ist wirklich eine tolle Überraschung. Dann legen Sie mal los!
Herr Reuter *Alle legen sich auf den Rücken und blicken eine Zeit lang nach oben.*	Bevor ich mit dem Erzählen beginne, legt euch zunächst alle einmal auf den Rücken und schaut ein wenig in den Himmel. Beobachtet dabei alles ganz genau. Was könnt ihr denn alles am Nachthimmel sehen?
Kind 1	Ich sehe den Mond. Aber der ist nur halb zu sehen.
Kind 9	Ich kann ein Flugzeug erkennen. Da blinkt eine rote Lampe.
Kind 8	Ich sehe viele funkelnde Sterne.
Herr Reuter *Alle setzen sich wieder auf.*	Die hellsten Himmelskörper sind die Sonne und der Mond. Sie sind groß, und wir können sie deutlich erkennen. Um die Sonne drehen sich die Planeten. Insgesamt gibt es acht. Sie heißen Merkur, Venus, Erde, Mars, Jupiter, Saturn, Uranus und Neptun. Früher glaubten die Menschen, dass sich die Sterne, die Planeten und auch die Sonne um die Erde drehen.

Der Ausflug der Sternenforscher

(4/5)

1

Personen	Text
Herr Reuter	Mit Hilfe eines Merkspruchs könnt ihr euch die Namen und die Reihenfolge der Planeten von der Sonne aus gut einprägen. Er lautet: ‚Mein Vater erklärt mir jeden Sonntag unseren Nachthimmel'. Der Anfangsbuchstabe eines jeden Wortes steht für einen Planeten. Los, wir wiederholen das einmal.
Alle Kinder *Der Satz wird mehrere Male wiederholt. Dabei werden die Kinder immer lauter und schneller.*	Mein Vater erklärt mir jeden Sonntag unseren Nachthimmel – Merkur, Venus, Erde, Mars, Jupiter, Saturn, Uranus und Neptun.
Herr Reuter *Herr Reuter holt ein Fernrohr aus seinem Koffer, durch das die Kinder nacheinander schauen.* 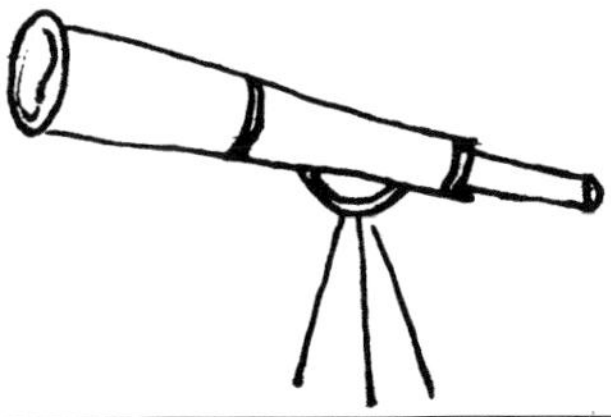	Merkur, Venus, Mars, Jupiter und Saturn könnt ihr mit bloßem Auge erkennen. Die Planeten funkeln im Gegensatz zu den Sternen nicht. Planet ist ein Wort, das aus der griechischen Sprache kommt und heißt soviel wie Wanderer. Ihr könnt euch sicher denken, warum sie so heißen. Weniger deutlich zu erkennen sind Uranus und Neptun. Dazu braucht man ein Fernglas oder ein Teleskop. Daneben gibt es noch viele andere Körper im Sonnensystem. Sie sind kleiner als die Planeten und heißen zum Beispiel Kometen oder Asteroiden.
Kind 10 *Stimmengewirr mit Lauten der Verwunderung (Oooh, Aaah).*	Das sieht aber toll aus!
Herr Reuter *Alle Kinder legen sich wieder auf den Rücken. Herr Reuter zeigt mit dem Finger in den Himmel.*	So, und nun legt euch bitte alle wieder auf den Rücken, damit ich weitererzählen kann. Das Tollste aber am Himmel sind die vielen kleinen glänzenden Lichter, die Sterne. Versucht doch mal zu zählen, wie viele ihr sehen könnt!
Alle Kinder *Kinder murmeln Zahlen.*	1, 2, 3, …, 54, 55, …, 122, …
Kind 5	Das ist doch unmöglich! Damit werden wir ja nie fertig.

© Verlag an der Ruhr | Postfach 10 22 51 | 45422 Mülheim an der Ruhr | www.verlagruhr.de | ISBN 978-3-8346-0462-0

Der Ausflug der Sternenforscher

(5/5)

1

Personen	**Text**
Herr Reuter	Du hast Recht. Es sind viele tausend Sterne, die ihr heute Nacht seht. In Wirklichkeit gibt es aber viele Milliarden Sterne. Sie leuchten so hell wie unsere Sonne. Wenn ihr genau hinschaut, seht ihr quer über den Himmel ganz viele Sterne, wie ein Pinselstrich, den ein Maler an den Himmel gezeichnet hat. Man nennt das auch Milchstraße.
Kind 7	Sind die Sterne unsterblich, oder sterben sie auch?
Kind 6	Blödsinn! Sterne sind doch keine Menschen.
Herr Reuter	Sie hat schon Recht. Auch Sterne werden geboren und sterben irgendwann. Nur werden sie viel, viel älter als wir Menschen. Man schätzt, dass sie viele Milliarden Jahre alt werden können.

Lied: Wir sind die Sternenforscher-Kinder, **S. 53, CD Nr. 1/7/13**

Herr Reuter zeigt weiter an verschiedene Stellen des Himmels.
Die Liedmelodie erklingt. Alle Kinder stellen sich auf und singen gemeinsam.
Nach dem Singen des Liedes setzen sich alle hin. Das Licht erlischt.

© Verlag an der Ruhr | Postfach 10 22 51 | 45422 Mülheim an der Ruhr | www.verlagruhr.de | ISBN 978-3-8346-0462-0

Der Tanz der Sterne

(1/2)

Szene 2

Licht: hell im Spielbereich „Sterne heute“, halbdunkel im Spielbereich „Sternenforscher-Kinder“

Spielbereich: Sterne heute/Sternenforscher-Kinder

Kostüme: Sternkostüme für die Sterne (s. Anleitung S. 59)

Requisiten:
- Koffer
- gebastelte Ferngläser (s. Arbeitsblatt S. 60)

Personen	**Text**
Stern 1 *Fünf Sterne unterhalten sich und zeigen dabei in Richtung der Kinder. Ein einzelner kleiner Stern sitzt ein wenig abseits.*	Schau dir einmal die Kinder dort unten an. Sie liegen auf der Erde und schauen uns an.
Stern 2	Nicht nur das. Sie reden sogar über uns. Dabei kennen sie uns überhaupt nicht.
Stern 3	Das würde ich so nicht sagen. Siehst du den Mann mit dem Gerät vor den Augen? Der hat sicher ganz viel Ahnung. Ich habe ihn schon oft beobachtet. Die meiste Zeit blickt er in den Himmel. Der scheint sonst nichts zu tun.
alter Stern	Ich leuchte ja schon Tausende von Jahren, und ich kann euch sagen, dass es schon immer Menschen gegeben hat, die uns beobachtet haben. Manche machen das einfach so, weil sie sich an uns erfreuen wollen. Für andere ist es ihr Beruf, uns zu beobachten. Man nennt sie Sternenforscher.
Stern 5	Und was ist das für ein Gerät, das der Mann dort vor die Augen hält?
alter Stern	Das ist ein Fernrohr. Seine Erfindung hatte große Bedeutung für die Menschen. Wenn man hindurchschaut, kann man Dinge, die sehr weit entfernt sind, ganz nah sehen.

Der Tanz der Sterne

(2/2)

Personen	Text
Stern 2	Eine tolle Erfindung. Dann können die da unten also genau sehen, was wir hier oben machen.
Stern 1 *Im Spielbereich „Sternenforscher-Kinder" verteilt Herr Reuter kleine Ferngläser an die Kinder.*	Schau mal, jetzt verteilt der Sternenforscher kleine Ferngläser an die Kinder.
alter Stern	Ich glaube, wir zeigen ihnen jetzt mal, was wir alles draufhaben, damit sie so richtig ins Staunen geraten. Also, nichts wie los!
Lied: Sternentanz, **S. 54, CD Nr. 2/8/14** *Die Sterne bewegen sich hin und her, drehen sich im Kreis und tanzen. Der kleine Stern bleibt sitzen. Die Kinder blicken durch ihre Ferngläser, zeigen in den Himmel und bewegen sich im Rhythmus des Sternengesangs.*	
Kind 8 *Nach dem Lied.*	Schaut euch das mal an! Ich glaube, die sehen, dass wir sie beobachten, und zeigen uns jetzt, was sie alles können.
Kind 2	Alles Quatsch! Das bildest du dir nur ein.

© Verlag an der Ruhr | Postfach 10 22 51 | 45422 Mülheim an der Ruhr | www.verlagruhr.de | ISBN 978-3-8346-0462-0

Der Stern, der nicht leuchten wollte

(1/2)

Szene 3

Licht:	erst hell, dann dunkel im Spielbereich „Sterne heute“, erst dunkel, dann hell im Spielbereich „Sterne früher“
Spielbereich:	Sterne heute/Sterne früher
Kostüme:	✩ Sternkostüme für die Sterne heute (s. Anleitung S. 59) ✩ Sternenkronen für die Sterne früher (s. Anleitung S. 60)
Requisiten:	keine

Personen	**Text**
Stern 2 *Die Sterne sind außer Atem und erschöpft.*	Ist das nicht ein gutes Gefühl, wenn man die Menschen so einfach erfreuen kann? Ich habe immer wieder meinen Spaß daran.
kleiner Stern	Alles Blödsinn. Das ist mir hier alles zu langweilig. Tag für Tag nur hier am Himmel rumhängen. Und das soll noch ein paar Milliarden Jahre so weitergehen. Nein danke! Ich will endlich mal richtig etwas erleben.
Stern 3 *Die fünf Sterne fuchteln aufgeregt mit ihren Armen.*	Was willst du denn überhaupt? Werde erst mal größer und älter, wenn du mitreden willst.
Stern 1	So etwas habe ich in der gesamten Milchstraße noch nicht erlebt. Das ist ja eine Unverschämtheit, wie sich der Lümmel benimmt!
alter Stern *Alle setzen sich um den alten Stern. Der kleine Stern kommt zögerlich näher.*	Halt! Halt! Halt! Ich kann dich gut verstehen, kleiner Stern. Ich habe schon viele kleine Sterne erlebt, die sich genauso gefühlt haben wie du. Kommt, setzen wir uns. Ich will euch eine Geschichte erzählen.
alter Stern *Alle Sterne schließen die Augen. Im Spielbereich „Sterne heute“ wird es dunkel. Der Spielbereich „Sterne früher“ wird hell. Vier Sterne sitzen im Kreis, und bewegen aufgeregt ihre Arme. Der junge Stern sitzt abseits.*	Eigentlich ist es noch gar nicht so lange her. Vor etwa 2000 Jahren spielte sich folgende Geschichte ab. Schließt am besten eure Augen, damit ihr euch vorstellen könnt, wie das damals war. Damals, vor etwa 2000 Jahren, gab es so etwas wie einen Aufstand der jungen Sterne. Sie langweilten sich wie du und wollten Abenteuer erleben. Der Anführer der jungen Sterne

Der Stern, der nicht leuchten wollte

3

(2/2)

Personen	Text
alter Stern	rief die anderen jungen Sterne sogar dazu auf, nicht mehr zu leuchten. Und so musste der Rat der Sterne sich zusammensetzen und überlegen, was zu tun sei.
Stern 5	Stellt euch doch vor, wenn alle jungen Sterne nicht mehr scheinen! Irgendwann sterben sie dann aus, und der Himmel wird dunkel.
hellster Stern	Den jungen Stern zu bestrafen, wäre falsch. Wir müssen ihn für eine Aufgabe begeistern. Er muss etwas ganz Besonderes tun.
alter Stern *Der alte Stern aus dem Spielbereich „Sterne heute“ ist nur zu hören. Eventuell bescheint ihn ein einzelner Scheinwerfer.*	Und so überlegten sie viele Stunden und Tage und kamen doch zu keiner Lösung. Der Himmel wurde immer dunkler. 
Stern 6	Wir beobachten einfach einmal, was unten auf der Erde geschieht. Vielleicht sehen wir etwas, wofür wir ihn begeistern können.
alter Stern *Die Sterne im Spielbereich „Sterne früher“ halten die rechte Hand über die Augen und schauen nach unten.*	Und so richteten sie ihren Blick nach unten und schauten von Kontinent zu Kontinent, von Land zu Land. Besonders achteten sie darauf, wenn Menschen suchend in den Himmel blickten. Das konnte ein Zeichen dafür sein, dass die Sterne gebraucht wurden.
Stern 7	Schau, da sitzt ein Liebespaar. Sie blicken beide nach oben. Aber ich glaube, sie genießen nur unseren Anblick, weil sie so verliebt sind.
Stern 5	Ich sehe jemanden, der die Hände nach oben hebt und schreit. Aber der meint sicher nicht uns, sondern Gott, den er hier oben vermutet.
hellster Stern *Deutet auf den Spielbereich „Die 3 Weisen“, der langsam hell wird.*	Ich sehe etwas Interessantes. Schaut doch genau hin. Da sind drei Männer, die durch die Wüste ziehen und suchend nach oben blicken. Ich glaube, die suchen wirklich etwas. Seid leise, damit wir hören, was sie sagen.

Sterndeuter suchen den Weg

(1/2)

Szene 4

Licht:	hell
Spielbereich:	die 3 Weisen
Kostüme:	lange Gewänder und Turbane für die 3 Weisen
Requisiten:	keine

Personen	**Text**
alter Stern *Drei Männer in Gewändern und mit Turban auf dem Kopf gehen nachdenklich und langsam nebeneinander.*	Es waren drei Weise, die sich auf den Weg gemacht hatten. Als ‚weise' bezeichnet man Menschen, die sehr viel über die Welt und die Menschen wissen. Sie haben viele Bücher gelesen. Und sie stellen viele Fragen und suchen nach Antworten. Diese drei Weisen waren auf einem mühsamen Weg durch die Wüste. Sie unterhielten sich eifrig, sogar mit den Händen. Ihre Köpfe drehten sie hin und her.
Weiser 1	Wenn wir die alten Bücher richtig gelesen haben, muss es so sein, dass Gott den Menschen bald erscheint. Er schickt ihnen einen Boten, der zu ihnen sprechen und Zeichen von Gott setzen soll.
Weiser 2	Andere Schriften sprechen sogar vom neugeborenen König der Juden. Er soll der Erlöser, der von Gott geschickte Heilsbringer für das Volk Israel sein, der Messias.
Weiser 3	Wenn das stimmt, ist die Richtung klar. Wir müssen zunächst nach Jerusalem zum Palast des Königs. Aber wie lautet das genaue Ziel?
Weiser 2	Aber wir haben doch auch gelesen, dass es ein Zeichen geben soll, das uns zum Erlöser führen soll.
Weiser 3	Doch was für ein Zeichen soll das sein? Wir sind jetzt schon so lange unterwegs und haben Tag und Nacht Ausschau gehalten. Seht doch, am Himmel sind nur die bekannten Sterne zu sehen. Dort ist das Sternbild des Bären, dort das Bild des Orion. Kein Zeichen am Himmel. Was sollen wir nur tun?

Sterndeuter suchen den Weg
(2/2)

4

Personen	Text
Weiser 1	Vielleicht haben wir etwas beim Lesen der Bücher überlesen oder falsch gedeutet?
Weiser 2	Ich glaube, wir müssen noch ein wenig Geduld haben und genau hinhören und hinsehen. Die Aufgabe, die wir haben, ist zu wichtig, um voreilig aufzugeben.
alter Stern	Und so gingen sie weiter ihren Weg und hielten Ausschau nach dem gesuchten Zeichen.

Lied: Wo ist der Weg?, **S. 55, CD Nr. 3/9/15**

Die drei Weisen singen das Lied. Der Spielbereich wird anschließend abgedunkelt.

Auch Sterne haben Namen

(1/4)

Szene 5

Licht: halbdunkel

Spielbereich: Sternenforscher-Kinder

Kostüme: keine

Requisiten:
- aufgehängtes Sternbild des großen Wagen
- eventuell Bäume aus Pappe
- gebastelteFerngläser (s. Anleitung S. 60)

Personen	Text
Kind 3 *Die Kinder auf dem Boden unterhalten sich oder blicken durch ihr Fernglas.*	Schau dir nur mal an, wie der glitzert und blinkt. Das sieht ja toll aus!
Kind 5	Ich sehe zwei Sterne, die sich unterhalten. Sie leuchten abwechselnd. Was sie sich wohl erzählen?
Herr Reuter *Die Kinder blicken angestrengt in den Himmel.*	Dann will ich euch noch etwas ganz Besonderes zeigen. Nehmt einfach mal die Ferngläser von den Augen weg. Und nun versucht ihr einmal, nicht nur einen Stern zu betrachten, sondern mehrere auf einmal. Wenn ihr euch dabei konzentriert und eure Fantasie bemüht, könnt ihr Sternbilder am Himmel sehen. Versucht es!
Kind 7	Das ist schwer. Bei mir klappt das einfach nicht.
Herr Reuter *Herr Reuter zeichnet in den Himmel.*	Dann will ich euch einen Trick verraten. Ein Sternbild entsteht, wenn ihr euch Linien zwischen den einzelnen Sternen vorstellt. Versucht es nochmals.
Kind 1	Ich kann ein Gesicht sehen. Oh, da ist ein Auto, und da drüben ein Eimer
Herr Reuter	Halt, es ist jetzt genug. Ich will euch nämlich noch etwas Interessantes erzählen. Wenn der Himmel ganz klar ist, können wir etwa 2000 Sterne sehen. Und wenn ihr genau hinschaut, seht ihr ganz helle und weniger helle Sterne. Um eine Figur zu sehen,

Auch Sterne haben Namen

(2/4)

5

Personen	Text
Herr Reuter	muss man die besonders hellen Sterne betrachten, die am Himmel nebeneinander zu sehen sind. Natürlich sind die Sterne in Wirklichkeit ganz weit voneinander entfernt. Sie bewegen sich auch. Bei der weiten Entfernung können wir das aber nicht erkennen. Das ist ähnlich wie bei Flugzeugen. Auch bei ihnen meint man, sie würden nur am Himmel schleichen.
Kind 9	Haben die Sterne denn auch Namen?
Herr Reuter	Natürlich haben die Menschen den Sternen Namen gegeben und sich Geschichten über sie und die Sternbilder ausgedacht. Besonders die hellen Sterne bekamen Namen.
Kind 5	Und wie heißen die?
Herr Reuter	Als Erstes haben arabische Sternenforscher den Sternen Namen gegeben. Das ist schon über 1000 Jahre her. Die hießen dann Beteigeuze oder Rigel. Später gab man den Sternen dann die Namen griechischer Buchstaben und setzte dahinter den Namen des Sternbildes. Die Sterne im Bild des Orion heißen etwa Alpha Orionis oder Beta Orionis. Alpha, Beta und Gamma sind in unserer Sprache a, b und c.
Kind 9	Das ist ja fast wie mit unseren Namen. Manche haben dieselben Nachnamen, aber die Vornamen sind anders.
Herr Reuter	Ich sehe, ihr habt es verstanden.
Kind 7	Erzählen Sie bitte weiter!
Herr Reuter	Stimmt, ich war ja noch nicht ganz fertig. Mehrere Sterne zusammen ergeben also ein Bild. Wir Sternenforscher haben insgesamt 88 Sternbilder festgelegt

Auch Sterne haben Namen

(3/4)

5

Personen	Text
Herr Reuter	und jeden Stern einem solchen Sternbild zugeordnet. Manche Sternbilder sind schon sehr alt. Die Menschen in Griechenland oder in Arabien erzählten sich schon vor Tausenden von Jahren Märchen oder Legenden über sie. So konnten sie sich die Namen auch leichter merken. Das war wichtig, weil manche sich nach ihnen richten mussten. Zum Beispiel benutzten Seefahrer oder Reisende in der Wüste sie als Wegweiser, als es noch keine Karten oder Navigationsgeräte gab. So verirrten sie sich nicht auf dem Wasser oder im Sand.
Kind 9	Und wie lauten nun die Nachnamen?
Herr Reuter *Die Kinder blicken nach oben.*	Ich will euch jetzt eines der bekanntesten Sternbilder zeigen. Es ist nämlich heute in der schönen klaren Nacht gut zu erkennen. Ihr müsst jetzt besonders auf die ganz hellen Sterne achten. Schaut genau über uns. Ihr könnt dort eins, zwei, drei, vier, fünf, sechs, sieben Sterne sehen, die viel heller leuchten als die anderen. Seht ihr sie?
Kind 10 *Zeigt an den Himmel.*	Ja, ich kann sie genau sehen.
Herr Reuter	So, und nun überlegt einmal ganz genau, welches Bild ihr seht. Denkt daran, euch die Linien vorzustellen, von denen ich euch eben erzählt habe.
Kind 7 *Zeigt es mit dem Finger.*	Also, ich sehe ein Viereck.
Kind 2	Genau, und davor sehe ich noch eine lange, gebogene Linie.
Herr Reuter	Ihr habt es genau richtig gesehen. Das Viereck mit der Linie davor sieht aus wie ein Karren, und das Sternbild trägt den Namen ‚Großer Wagen'. Schaut euch das Bild noch ein wenig in Ruhe an. Und wenn ihr demnächst in der Dunkelheit in den Himmel

5

Auch Sterne haben Namen

(4/4)

Personen	Text
Herr Reuter	schaut, werdet ihr ihn sofort wiedererkennen. Andere bekannte Sternbilder heißen ‚Orion', ‚Großer Bär', ‚Großer Hund', ‚Stier' oder ‚Schwan'.
Frau Winter *Frau Winter spricht Kind 1 an.*	Was ist denn mit dir?
Kind 1 *Schaut nachdenklich auf den Boden.*	Ach, ich habe mir gerade überlegt, dass die Sterne vielleicht ganz andere Namen haben könnten. Namen, die etwas ganz Wichtiges für die Menschen bedeuten.
Frau Winter	Die Idee ist gar nicht schlecht. Ihr habt ja schon gehört, dass die Menschen früher viele Geschichten über die Sterne erzählten.
Kind 5	Und wie könnten die Namen heißen?
Frau Winter	Der Stern, den ich jetzt gerade anblicke, der könnte zum Beispiel ‚Liebe' heißen.
Kind 9	Das ist aber wirklich ein komischer Name. Ein Stern kann doch nicht ‚Liebe' heißen.
Kind 1	Aber stell dir doch einmal vor, alle Sterne hätten Namen, die ganz wichtig sind für die Menschen. Und das ist die Liebe nun mal. Und wenn die Menschen dann Streit haben und blicken in den Himmel und der Stern der Liebe erstrahlt, dann würden sie sich daran erinnern.
Kind 3	Ich finde, das ist eine gute Idee. Mein Stern heißt ‚Vertrauen', weil das auch ganz wichtig ist.
Kind 9	Ich nenne meinen Stern ‚Frieden'. Er ist der Friedensstern.
Kind 10	Und mein Stern trägt den Namen ‚Hoffnung', weil ohne die Hoffnung nichts geht.

Lied: Siehst du den Stern am Himmel leuchten?, **S. 56, CD Nr. 4/10/16**

Die Kinder singen gemeinsam das Lied. Danach gestikuliert Frau Winter, dass sie jetzt gehen sollen. Die Kinder packen zusammen.

Eine Aufgabe für den jungen Stern

(1/2)

Szene 6

Licht: hell im Spielbereich „Sterne früher“, ein einzelner Spot auf den alten Stern im Spielbereich „Sterne heute“

Spielbereich: Sterne früher

Kostüme:
- Sternkostüme für die Sterne heute (s. Anleitung S. 59)
- Sternenkronen für die Sterne früher (s. Anleitung S. 60)

Requisiten: keine

Personen	**Text**
alter Stern	Der Rat der Sterne hatte genau beobachtet und zugehört, worüber sich die drei weisen Männer unterhalten hatten. Ihre Gesichter leuchteten hell. Wahrscheinlich hatten alle dieselbe Idee.
Stern 6	Ich glaube, ich weiß, welche Aufgabe wir dem jungen Stern geben müssen.
Stern 5	Da kann er nicht Nein sagen.
Stern 7	Das wird ganz sicher Ruhe in unseren Sternenhimmel bringen.
hellster Stern	Immer mit der Ruhe. Ich kann mir schon vorstellen, welche Aufgabe ihr ihm geben wollt. Die 3 weisen Männer zu ihrem Ziel zu führen. Aber bedenkt, dass es da noch ein Problem gibt.
Stern 7	Welches Problem denn? Der Auftrag ist doch klar: Der junge Stern zeigt den Weisen den Weg. Somit hat er eine sinnvolle Aufgabe und kommt nicht mehr auf dumme Gedanken.
hellster Stern	Das Problem ist: Zu welchem Ziel soll er sie führen? Die Männer sagten doch, dass sie es nicht kennen. Sie warten auf ein Zeichen, das ihnen den Weg zeigt.
Stern 6	Also müssen wir das Ziel herausfinden. Überlegt noch einmal, was wir gehört haben: Das Ziel ist der neugeborene König der Juden. Er soll der Erlöser des Volkes Israel sein. Also müssen wir uns in Israel umschauen.

Eine Aufgabe für den jungen Stern

(2/2)

6

Personen	Text
Stern 6	Es muss sich um eine schwangere Frau handeln. Sie wohnt wahrscheinlich in einem Königspalast. Rasch, ihr Sterne, haltet Ausschau! Sucht jedes Fleckchen Erde ab! Es wird höchste Zeit, dass unser junger Stern möglichst schnell eine sinnvolle Beschäftigung erhält.
alter Stern	Es sprach sich am Sternenhimmel schnell herum, dass ein kleiner König gesucht werden sollte. Millionen von Sternen richteten ihre Blicke auf die Erde, doch keiner konnte eine schwangere Königin finden. Und so setzte sich der Rat der Sterne wieder zusammen, um eine Lösung zu finden.
hellster Stern *Er winkt den jungen Stern, der abseits sitzt, zu sich. Der setzt sich zu den anderen Sternen.*	Ich schlage vor, dass der junge Stern die weisen Männer zum Königspalast des Herodes führt. Das ist der einzige Ort, an dem das Kind geboren werden kann. Junger Stern, der Rat der Sterne hat einen ganz besonderen Auftrag für dich. Wir haben dich ausgewählt, weil wir glauben, dass du ihn gut erfüllen wirst.
junger Stern	Ich soll wirklich einen besonderen Auftrag erhalten?
hellster Stern	Ja, du! Du sollst 3 weise Männer zu einem Palast in Israel führen. Dazu musst du deine ganze Leuchtkraft einsetzen, damit sie dich gut erkennen können.
junger Stern	Und was ist das Besondere an diesem Auftrag?
hellster Stern	In diesem Palast soll ein Kind geboren werden, das die Weisen suchen. Der Junge soll im Auftrag Gottes das Volk Israel erlösen. Was genau geschehen wird, wissen wir noch nicht.
junger Stern *Dabei stellt er sich hin und hält nach dem Ziel Ausschau.*	Endlich gibt es einmal etwas zu tun hier am Himmel! Ich mache mich sofort auf den Weg. Da sind sie ja, die 3 weisen Männer. Und da ist das Ziel, der Palast des Königs. Jetzt zeige ich allen, was ich kann.
alter Stern	Und so nahm er seine ganze Kraft zusammen und leuchtete so stark, wie er es noch nie in seinem jungen Leben getan hatte.

Die Weisen bei Herodes

(1/3)

Szene 7

Licht: hell

Spielbereich: die 3 Weisen

Kostüme:
- lange Gewänder für die 3 Weisen, die Schriftgelehrten, Herodes, Maria und Josef
- weite Hosen und Turbane für die Soldaten und Diener

Requisiten:
- eventuell ein Tor aus Kartons
- eventuell Speere für die Soldaten
- ein großer, schöner Stuhl als Thron für Herodes
- Schriftrollen und alte Bücher für die Schriftgelehrten
- eventuell eine Krippe aus Pappe oder Holz
- goldene Gefäße als Geschenke der 3 Weisen

Personen	**Text**
Weiser 1 *Die drei Männer gehen nachdenklich und langsam nebeneinander.*	Schon viele Tage und Nächte sind wir unterwegs. Ich bin sehr müde.
Weiser 2	Wir müssen noch ein wenig durchhalten, denn die Zeit drängt.
Weiser 3	Wir müssen diesen neugeborenen König finden.
Weiser 2 *Sie heben die Hände zum Schutz vor der Sonne über ihre Augen und suchen den Horizont und den Himmel ab. Der junge Stern wird angestrahlt.*	Da! Schaut doch! Dieses Leuchten am Himmel. Seht ihr den Stern, der mitten am Tag strahlt?
Weiser 3	Das muss das Zeichen sein, von dem die Schriften erzählen. Lasst uns ihm folgen.
alter Stern *Die Weisen verlassen die Bühne und gehen durch den Saal. Der kleine Stern geht vor ihnen.*	Und so machten sie sich voller Mut auf den Weg und waren einige Stunden unterwegs. Dann blieb der Stern plötzlich stehen. Die Weisen standen vor einem großen Palast.

Die Weisen bei Herodes

(2/3)

Personen	Text
Soldat 1 *Die Weisen bleiben vor dem Tor stehen und werden von den zwei Soldaten angehalten.*	Halt! Bleibt stehen. Was ist euer Begehren?
Weiser 1	Wir wollen den neugeborenen König sehen und ihn beschenken.
Soldat 2	Wo wollt ihr hin? Zu einem neugeborenen König? Hier gibt es keine Babys im Palast. Das wüssten wir.
Weiser 2	Dann möchten wir den König sprechen und ihm selbst unser Anliegen vortragen.
Herodes *Die Soldaten führen die Weisen zu Herodes. Er sitzt auf einem Thron.*	Was führt euch zu mir?
Weiser 1	Wo ist der neugeborene König der Juden, von dem uns die Schriften berichten? Wir haben seinen Stern aufgehen sehen und sind gekommen, um ihn zu verehren.
Herodes	Ich verstehe eure Frage nicht. Welchen neugeborenen König meint ihr? Hier seid ihr am falschen Ort.
Weiser 2	Nein, wir müssen hier richtig sein. Wir haben viele Jahre die Bücher studiert, und wir sind von einem Stern hierher geführt worden. Hier muss der Messias, der Erlöser, geboren worden sein.
Herodes *Herodes schickt die Weisen weg. Sie verlassen den Raum. Herodes springt wütend von seinem Thron und wendet sich an seine Diener. Die Diener kommen mit Männern zurück, die alte Bücher in den Händen halten.*	Erholt euch ein wenig, und esst und trinkt. Ich werde mich mit meinen Ratgebern beraten und euch dann wieder rufen lassen. Ruft die Schriftgelehrten und Hohen Priester! Sagt mir sofort, wo der Messias geboren werden soll! Schlagt in allen Büchern nach.

Die Weisen bei Herodes

(3/3)

Personen	Text
Schriftgelehrter *Die Schriftgelehrten blättern eifrig in ihren Büchern und murmeln aufgeregt dabei.*	Hier steht es. In Betlehem in Judäa wird er geboren. So steht es bei dem Propheten: Du, Betlehem im Gebiet von Juda, bist keineswegs die unbedeutendste unter den führenden Städten von Juda; denn aus dir wird ein Fürst hervorgehen, der Hirt meines Volkes Israel.
Herodes *Herodes bekommt einen Wutanfall und schreit die Gelehrten an.*	Warum hat mir das niemand gesagt und mich gewarnt? Ich bin der König und sonst niemand! Ich werde es verhindern, dass sich ein anderer auf meinen Thron setzt. Schon gar nicht ein Kind! Holt mir die weisen Männer zurück. Sie sollen das Kind suchen.
Herodes *Die Diener bringen die 3 Weisen wieder auf die Bühne.* *Der König stellt sich freundlich.*	Ich habe eine gute Nachricht für euch. In Betlehem soll er geboren werden, der neugeborene König, auf den das Volk schon lange wartet. So steht es in unseren Büchern. Und ich freue mich sehr darüber. Geht los, und sucht das Kind. Und wenn ihr es gefunden habt, kommt zu mir zurück, damit auch ich es verehren kann.
alter Stern *Der junge Stern zieht wieder vor den Weisen her durch den Saal, während der alte Stern erzählt.*	Die Weisen verließen den Palast und machten sich wieder auf den Weg. Es war für sie nicht schwer, den richtigen Ort in Betlehem zu finden. Der junge Stern, der sie zum Palast geführt hatte, hatte gesehen, wo in Betlehem sich ein neugeborenes Kind befand. Nun zog er vor ihnen her und führte sie zu einem Stall, über dem er stehen blieb. Dort sahen die weisen Männer einen Mann und eine Frau, die vor einer Krippe standen, aus der sonst die Tiere fressen. Aber in der Krippe lag das Kind, nach dem sie so lange gesucht hatten. Die Weisen legten Geschenke vor die Krippe und verneigten sich vor ihm.
Lied: Wir haben dich gefunden, **S. 57, CD Nr. 5/11/17**	
Weiser 3 *Einer der weisen Männer blickt in den Himmel.*	Stern, wir danken dir, dass du uns mit deinem Leuchten den Weg gezeigt hast. Du bist ein ganz besonderer Stern, und die Menschen werden noch lange von dir reden. Denn du bist der Stern von Betlehem.

© Verlag an der Ruhr | Postfach 10 22 51 | 45422 Mülheim an der Ruhr | www.verlagruhr.de | ISBN 978-3-8346-0462-0

Der kleine Stern will groß werden

Szene 8

Licht:	hell
Spielbereich:	Sterne heute
Kostüme:	Sternkostüme (s. Anleitung S. 59)
Requisiten:	keine

Personen	**Text**
kleiner Stern *Alle Sterne sitzen um den alten Stern, der die Geschichte erzählt hat. Sie haben noch immer ihre Augen geschlossen. Es bleibt einige Zeit still.*	Das war schön. Und was ist aus dem Stern von Betlehem geworden?
alter Stern	Er ist der Held am Sternenhimmel. Und auch die Menschen bewundern ihn noch heute. Sie erzählen immer wieder seine Geschichte. Denn das kleine Kind in der Krippe ist dem wütenden Herodes entkommen. Es ist ein ganz großer Mann geworden. Er erzählte den Menschen von dem guten Gott und dass sie sich lieben sollten. Und seine Freunde glauben daran, dass er der Sohn Gottes ist. An einem Tag im Jahr erinnern sie sich besonders an die Geburt des Kindes und feiern ein großes Fest.
kleiner Stern	Und das haben sie alles dem Stern von Betlehem zu verdanken! So einer will ich auch werden, ein kleiner Stern, der eines Tages ganz groß wird, weil er gezeigt hat, dass er etwas kann, und eine wirklich wichtige Aufgabe übernommen hat. Eigentlich kann das doch jeder!
Stern 4	Ja, sicher. Eines Tages wird für dich vielleicht auch der Moment kommen, an dem du eine besondere Aufgabe übernehmen wirst. Aber wie bei allen Dingen musst du erst ganz klein anfangen.
Stern 1 *Er zeigt dabei auf die Sternenforscher-Kinder.*	Ich glaube, damit kann er sofort anfangen. Schaut euch mal da unten die Kinder an. Sie laufen ziemlich unruhig im Wald herum. Ich glaube, sie haben sich verlaufen. Also, kleiner Stern, bist du bereit für diese kleine Aufgabe? Zeige den Kindern den Weg!

Danke, kleiner Stern!

(1/2)

Szene 9

Licht: halbdunkel

Spielbereich: Sternenforscher-Kinder

Kostüme: keine

Requisiten:
- langes Seil
- eventuell Bäume aus Pappe
- Uhr aus Szene 1, die Zeiger stehen auf 22:00 Uhr

Personen	Text
Kind 6 *Wie bei der Wanderung in den Wald halten sich alle wieder an dem Seil fest. Sie gehen ziemlich erschöpft.*	Was bin ich froh, wenn ich in meinem Bett liege!
Kind 9	Ich werde sicher sofort einschlafen und von den Sternen träumen.
Kind 2	Und ich habe richtig großen Hunger und Durst. Hoffentlich sind wir bald da.
Kind 3 *Frau Winter und Herr Reuter leuchten mit einer Taschenlampe auf eine Landkarte und machen einen recht ratlosen Eindruck.*	Warum bleiben wir stehen, Frau Winter? Haben wir uns verlaufen? 
Frau Winter	Keine Angst, wir werden den richtigen Weg schon noch finden. Herr Reuter ist ein guter Kartenleser, und er ist ja oft nachts unterwegs.
Kind 4 *Er zeigt dabei in den Himmel. Der kleine Stern wird im Spielbereich „Sterne heute“ angestrahlt.*	Da hätte ich einen anderen Vorschlag, wie wir wieder aus dem Wald herausfinden. Herr Reuter hat uns doch erzählt, dass die Menschen früher, als es noch keine Landkarten gab, den Weg mit Hilfe der Sterne gefunden haben. Schaut euch mal den kleinen Stern dort oben an, wie der blinkt und strahlt. Der will uns bestimmt den Weg zeigen.
Kind 8	Ja, der war ganz bestimmt eben noch nicht da.

Danke kleiner Stern!

(2/2)

Personen	Text
alle Kinder	Los!
Frau Winter Herr Reuter	He, Moment mal!
Kind 8 *Die Kinderschlange bewegt sich wieder vorwärts. Frau Winter und Herr Reuter trotten hinterher. Der kleine Stern geht ihnen voran. Eventuell können auch sie durch den Saal ziehen.*	Das ist ja fast wie in der Weihnachtsgeschichte, in der der Stern von Betlehem den weisen Männern den Weg zu Jesus gezeigt hat.
alle Kinder *Die Kinder rufen im Chor und blicken dabei hinauf zu dem kleinen Stern, der ganz stolz strahlt und leuchtet.*	Danke, kleiner Stern!

Lied: Du kannst ein Stern sein, **S. 58, CD Nr. 6/12/18**

Wir sind die Sternenforscher-Kinder

Text und Musik: Arthur Thömmes

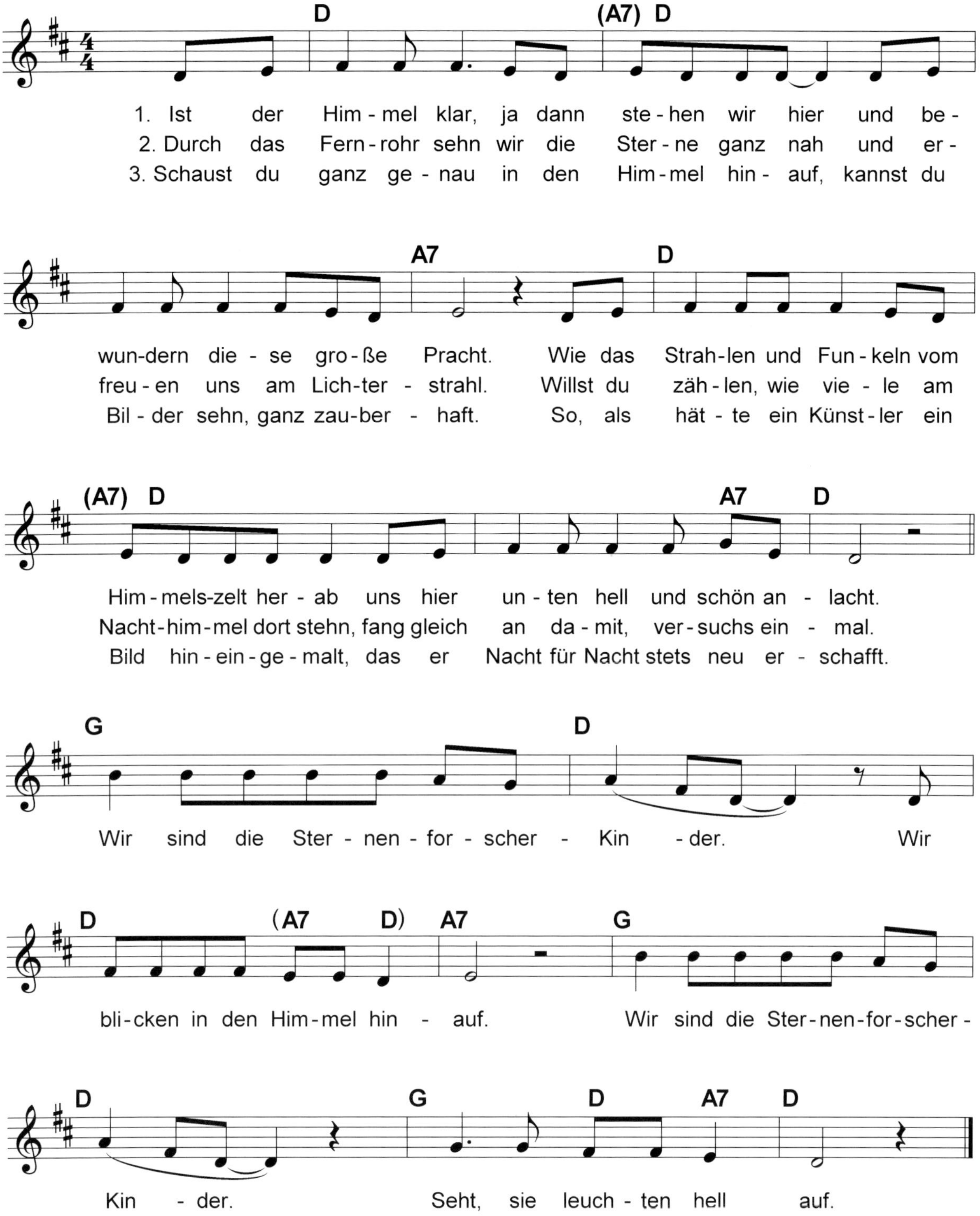

Sternentanz

Text und Musik: Arthur Thömmes

2. ... Wir heben unsre Arme und winken euch zu. (2x)

3. ... Wir schaun uns in die Augen und zwinkern uns zu. (2x)

4. ... Wir stelln uns auf die Zehen und greifen ganz hoch. (2x)

5. ... Wir drehen uns herum und hüpfen dabei. (2x)

6. ... Wir geben uns die Hände und tanzen im Kreis. (2x)

7. ... Wir leuchten, strahlen, funkeln hell am Himmelszelt.
Uns bestaunen alle Menschen auf der ganzen Welt.

© Verlag an der Ruhr | Postfach 10 22 51 | 45422 Mülheim an der Ruhr | www.verlagruhr.de | ISBN 978-3-8346-0462-0

Wo ist der Weg?

Text und Musik: Arthur Thömmes

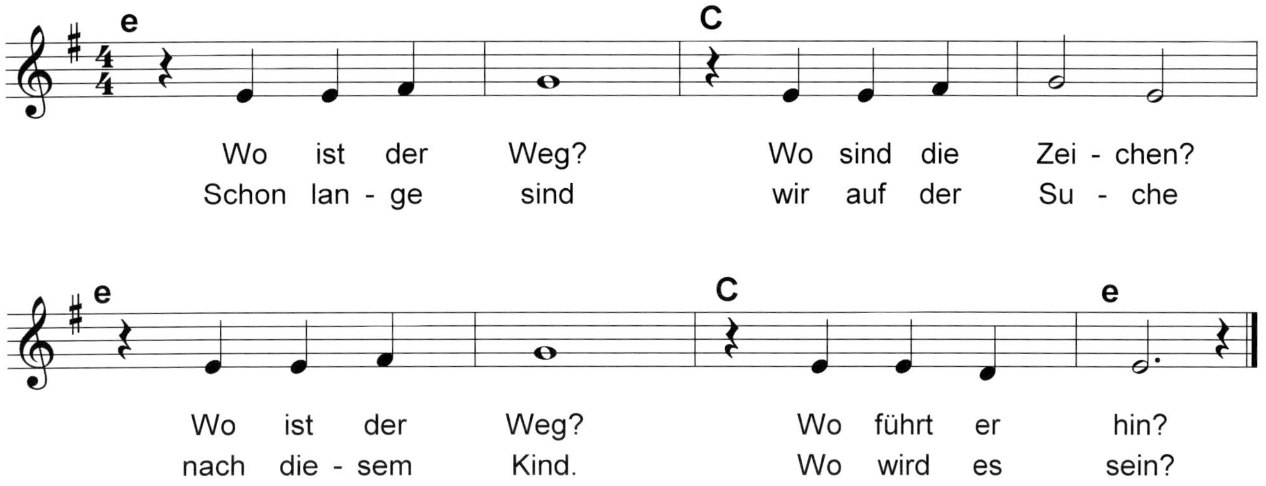

Das Lied soll die Ratlosigkeit und Müdigkeit der drei Weisen ausdrücken. Entsprechend wird es auch sehr tragend gesungen.

Nach der 2. Strophe kann die Melodie gesummt und anschließend die 1. Strophe wiederholt werden.

Siehst du den Stern am Himmel leuchten?

Text und Musik: Arthur Thömmes

1. Siehst du den Stern am Him-mel leuch - ten? Er
2. Siehst du den Stern am Him-mel leuch - ten? Er
3. Siehst du den Stern am Him-mel leuch - ten? Er
4. Siehst du den Stern am Him-mel leuch - ten? Er
5. Siehst du den Ster-nen-him-mel leuch - ten? Er

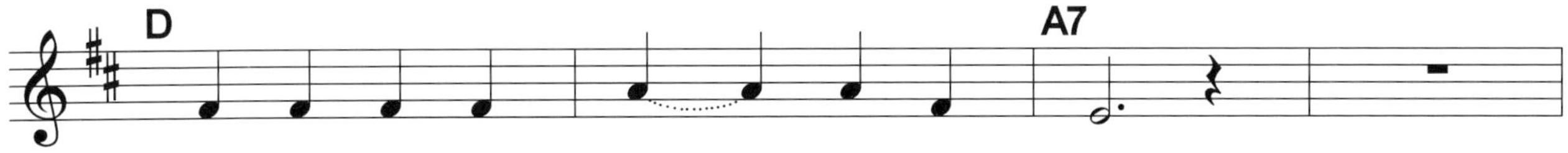

leuch - tet für die Lie - be in der Welt.
leuch - tet für die Hoff - nung in der Welt.
leuch - tet für die Freu - de in der Welt.
leuch - tet für das Glück in der Welt.
leuch - tet für die Men - schen auf der Welt.

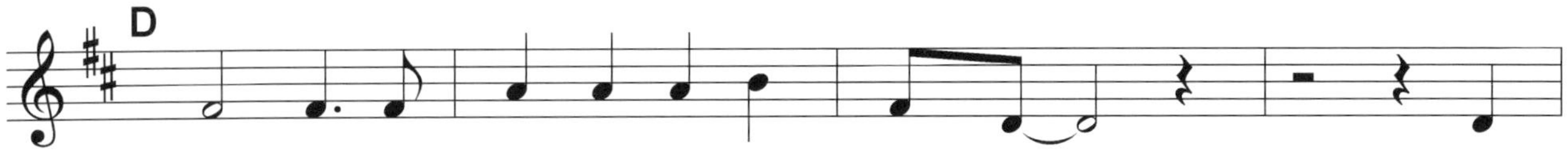

Siehst du den Stern am Him-mel leuch - ten? Die
Siehst du den Stern am Him-mel leuch - ten? Die
Siehst du den Stern am Him-mel leuch - ten? Die
Siehst du den Stern am Him-mel leuch - ten? Das
Siehst du den Ster-nen-him-mel leuch - ten? Er

Lie - be ist es, die dein Le - ben er - hellt.
Hoff - nung ist es, die dein Le - ben er - hellt.
Freu - de ist es, die dein Le - ben er - hellt.
Glück ist es, das dein Le - ben er - hellt.
macht die Her - zen al - ler Men-schen ganz hell.

Wir haben dich gefunden

Text und Musik: Arthur Thömmes

Du kannst ein Stern sein

Text und Musik: Arthur Thömmes

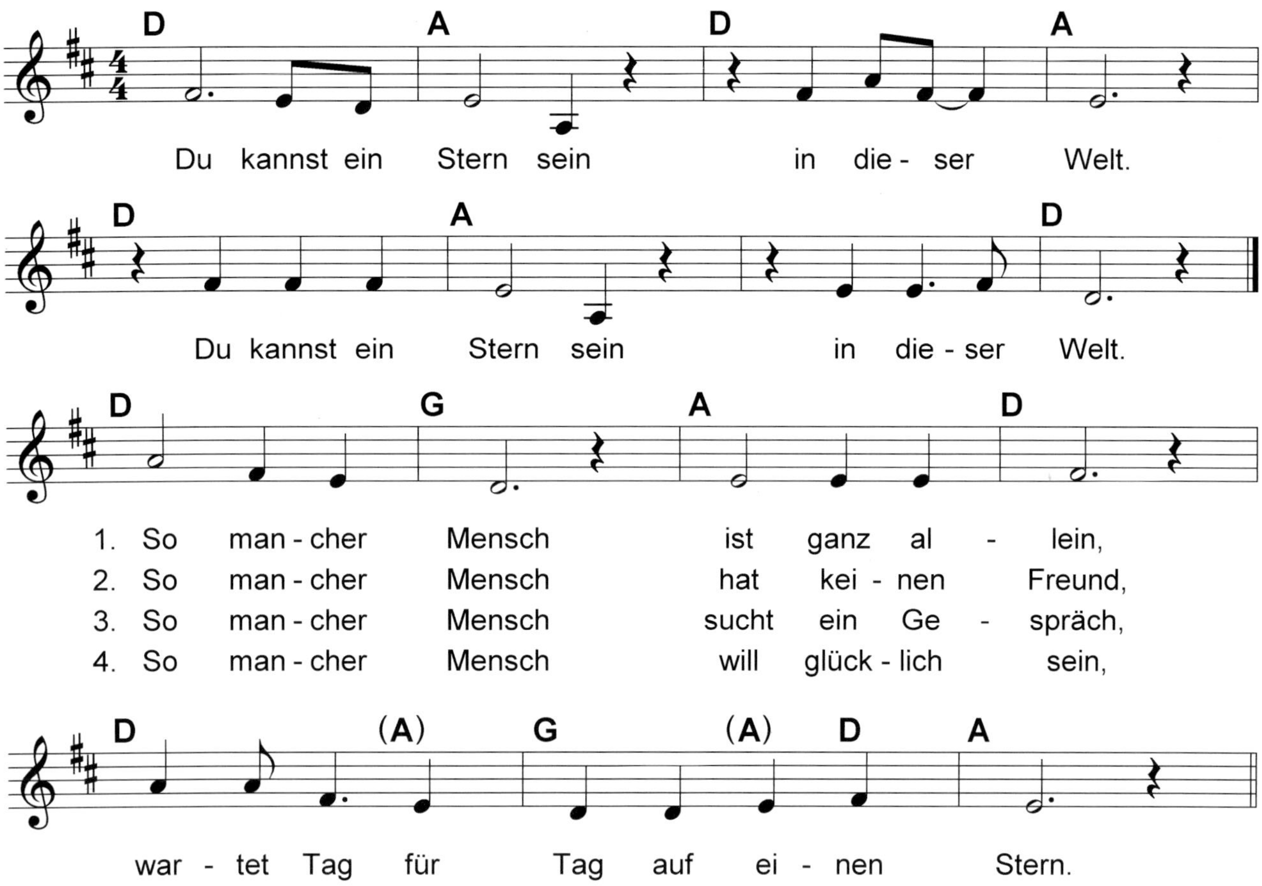

Auch du kannst ein Stern sein für andere Menschen!
Vielleicht fallen dir noch weitere Strophen ein.

Kostüme und Requisiten (1/2)

Sternkostüm aus Pappe

Du brauchst für 1 Kostüm:

- Bleistift
- 2 große Pappen, zum Beispiel von alten Kartons
- Schere
- gelbe Farbe
- breite Pinsel
- 2 Bänder oder Gurte, zum Beispiel Rollladenband
- Heftgerät
- gelbes Tonpapier
- Klebstoff
- Hutgummi

So geht es:

- Zeichne die Form eines Sterns auf eine der großen Pappen auf. Sie sollte so groß sein, dass sie deinen Körper bedeckt. Die ausgestreckten Arme und Beine müssen aber noch hervorschauen.
- Schneide die Form aus, und benutze sie als Schablone für das Rückenteil.
- Male beide Teile mit der gelben Farbe an, und lasse sie trocknen.
- Halte dir anschließend die Form vor den Körper. Lasse von einem Partner die Stelle markieren, an der du den Gurt anbringen möchtest. Er sollte gut auf deinen Schultern aufliegen.
- Schneide den Gurt passend zurecht, und hefte ihn an der Pappe fest. Wenn du andere Bänder benutzt, kannst du mit der Schere auch ein Loch in die Pappe schneiden und das Band durchziehen.
- Für den Sternenhut schneidest du einen Halbkreis aus gelbem Tonpapier aus.
- Lege die geraden Seiten so übereinander, dass dir der Hut gut passt. Klebe ihn dann fest und lasse ihn gut trocknen.
- Bohre zum Schluss vorsichtig kleine Löcher in die Ränder und ziehe ein Hutgummi hindurch. Verknote es so, dass es fest, aber angenehm sitzt.

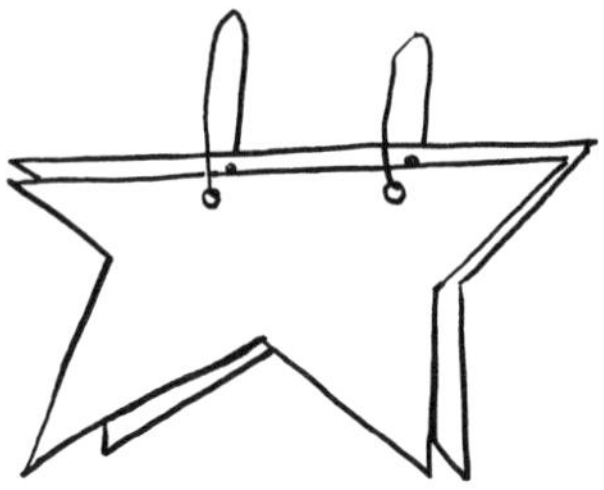

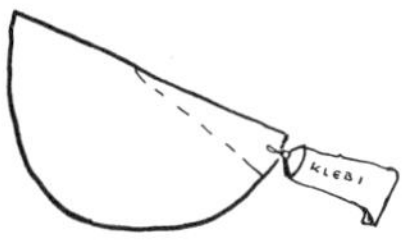

Sternkostüm aus Stoff

Du brauchst für 1 Kostüm:

- Stift
- 1 großes Stück gelben Stoff
- Schere, am besten Zickzackschere

So geht es:

- Zeichne die Form eines Sterns auf den Stoff auf. Sie sollte so groß sein, dass die Hälfte deinen Körper bedeckt. Zeichne in die Mitte ein Loch, das groß genug ist, um deinen Kopf hindurchzustecken.
- Schneide das Kostüm aus.

Kostüme und Requisiten (2/2)

Sternenkrone

Du brauchst für 1 Krone:

- 1 Streifen gelbes oder goldenes Tonpapier, etwa 70 x 12 cm
- Schere
- Klebstoff
- Bleistift

So geht es:

- Ziehe mit Bleistift einen Strich entlang der langen Seite des Tonpapiers. Der Strich sollte etwa 5 cm Abstand vom Rand haben. Das ist das Stirnband.
- Am oberen Rand des Streifens schneidest du nun Zacken als Strahlen aus. Es sollten mindestens 12–16 Strahlen sein.
- Knicke die Strahlen an der Bleistiftlinie nach vorne.
- Lasse dir von einem Partner die Sternenkrone anpassen, sodass sie gut auf deinem Kopf sitzt. Dein Partner bringt eine Markierung an, wo du den Pappstreifen kleben musst.
- Klebe die Krone dann am Stirnband zusammen, nicht an den Zacken. Wenn mehrere Strahlen übereinanderliegen, schneidest du die doppelten ab.

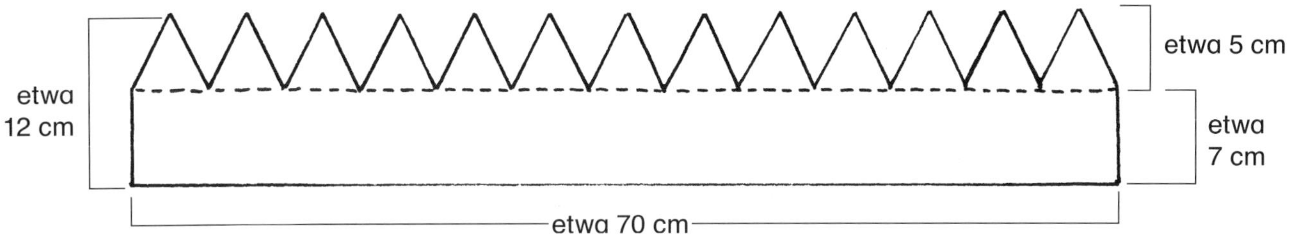

Fernglas

Du brauchst für 1 Fernglas:

- 2 leere Toilettenpapier-Rollen
- Wasserfarbe oder Abtönfarbe oder buntes Papier
- Pinsel oder Klebstoff
- Bindfaden
- Schere

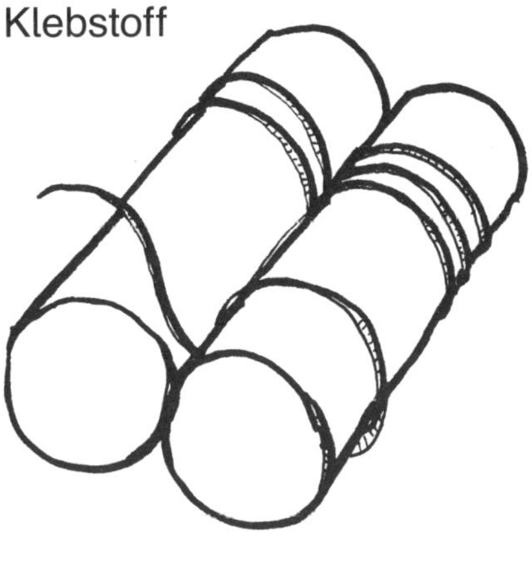

So geht es:

- Male beide Toilettenpapier-Rollen an, oder umklebe sie mit buntem Papier.
- Lasse sie trocknen.
- Schlinge dann den Faden am oberen Ende mehrmals wie eine 8 um die beiden Rollen, wie auf dem Bild gezeigt. Verknote die Fadenenden, und schneide sie ab.
- Verbinde auch das untere Ende der Rollen auf diese Weise. Einfacher ist es, wenn ihr euch gegenseitig helft.

 ISBN 978-3-8346-0462-0

Suche die Sternbilder (1/2)

Herr Reuter hat den Kindern erklärt, dass mehrere Sterne ein Sternbild ergeben. Dabei hat er ihnen einen Trick verraten, wie man sie besser erkennen kann. Man muss sich Linien zwischen den einzelnen Sternen vorstellen. Du siehst unten mehrere bekannte Sternbilder. Sie heißen: Großer Wagen, Löwe, Bärenhüter, kleiner Wagen und Zwillinge. Du siehst aber nur die Linien.

- **Schaue dir auf der nächsten Seite den Sternenhimmel an. Finde die 5 Sternbilder, und male sie gelb an.** Achtung, sie sind möglicherweise in eine andere Richtung gedreht als die Sternbilder auf dieser Seite.
- **Wenn du sie nicht findest, kannst du auch die Linien auf durchsichtiges Papier abzeichnen.** Dann kannst du sie als Schablonen über den Sternenhimmel legen.

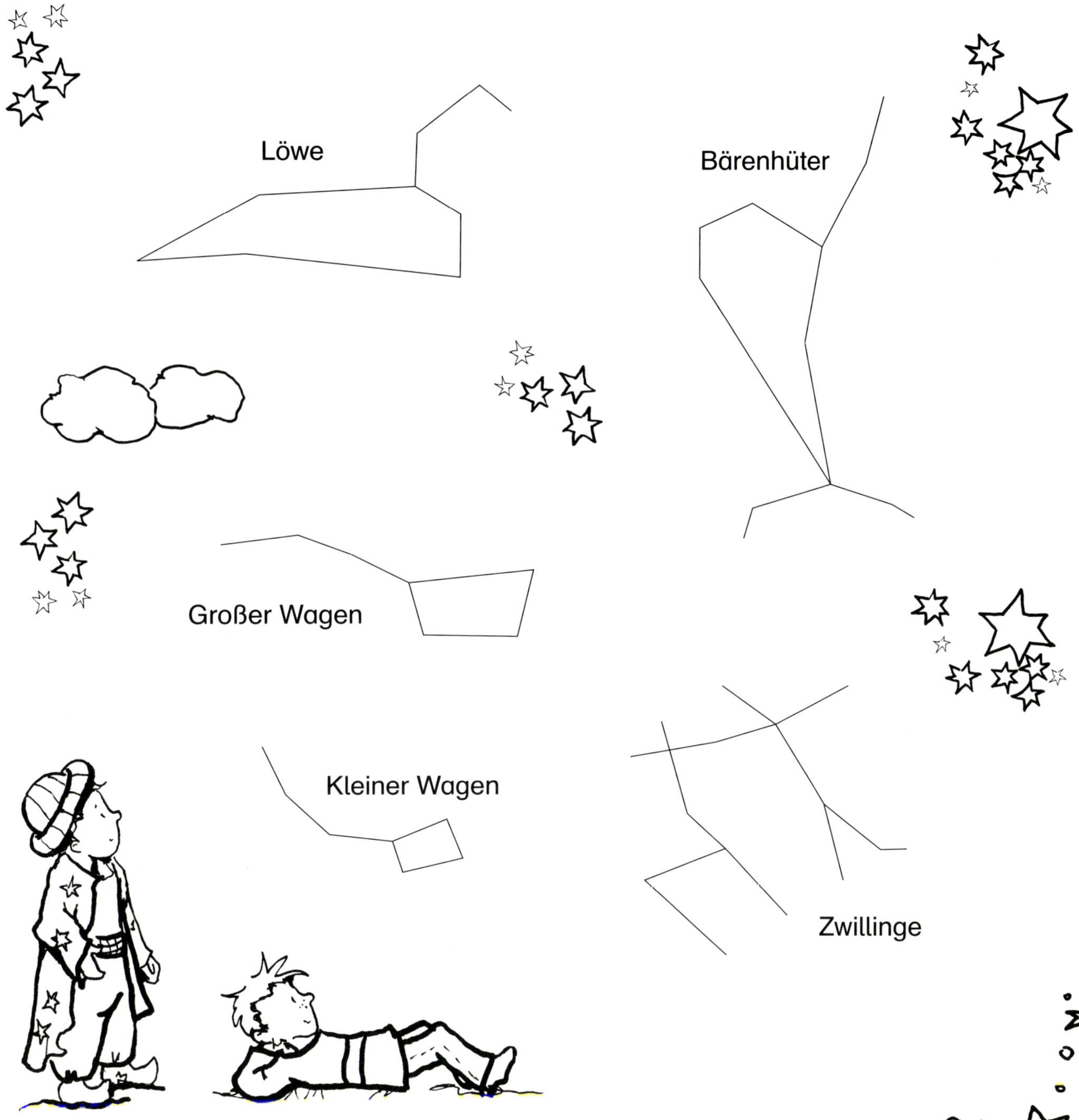

© Verlag an der Ruhr | Postfach 10 22 51 | 45422 Mülheim an der Ruhr | www.verlagruhr.de | ISBN 978-3-8346-0462-0

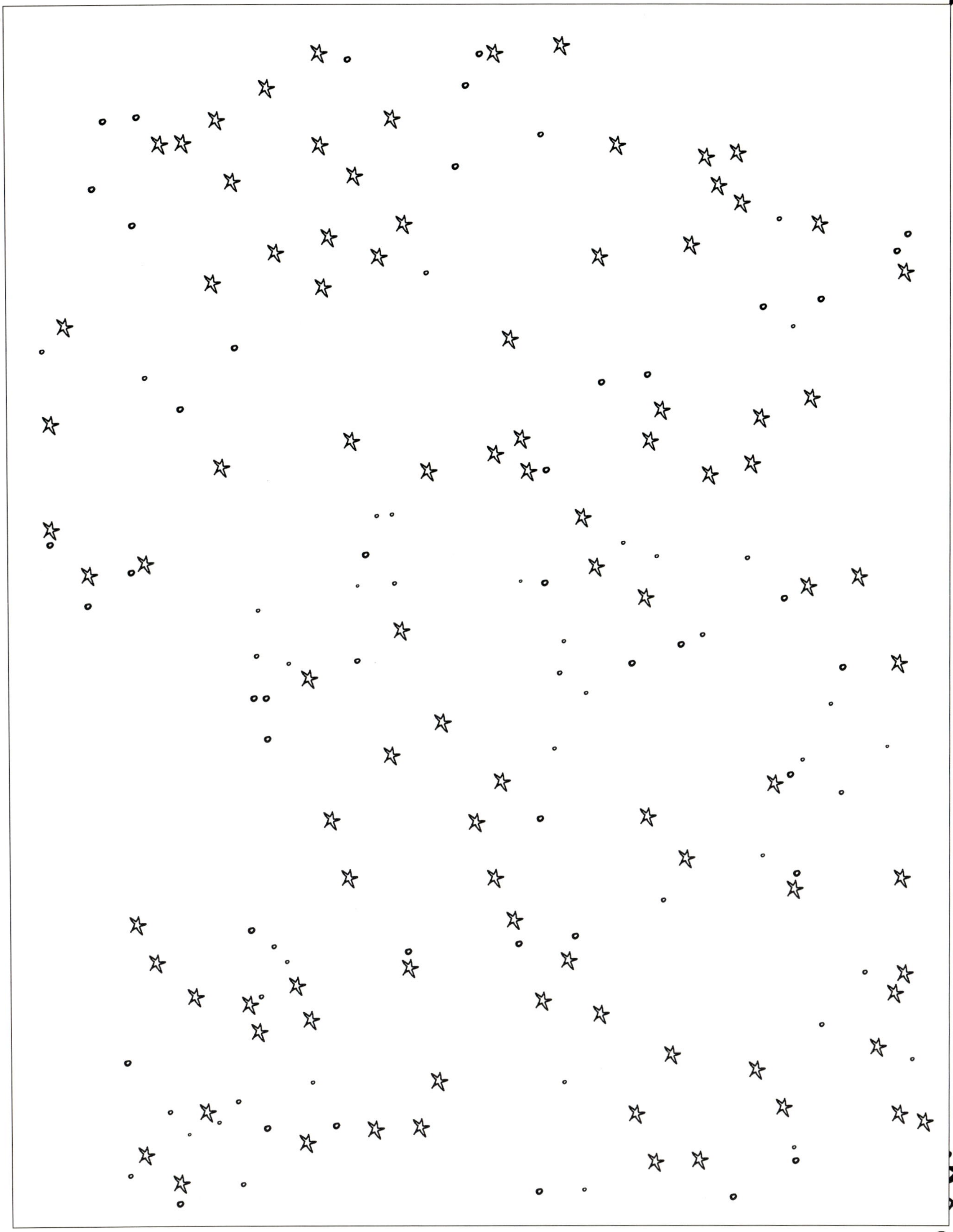

 ISBN 978-3-8346-0462-0

Die Planeten

In der Geschichte erklärt der Sternenforscher den Kindern die Planeten in unserem Sonnensystem. Diese Planeten, aber auch andere Himmelskörper, kreisen alle um die Sonne. Daher ziehen sie am Himmel eine andere Bahn als die Sterne. Diese sind selbst Sonnen, aber sehr weit entfernt. Dabei verrät er den Kindern einen Merkspruch. Mit den ersten Buchstaben kann man sich die Namen der Planeten merken.

M ______________________________

V ______________________________

E ______________________________

M ______________________________

J ______________________________

S ______________________________

U ______________________________

N ______________________________

- **Schreibe links den Merkspruch und rechts die Namen der Planeten auf.**
- **Danach kannst du sicher auch die Zeichnung des Sonnensystems beschriften.**

Achtung, in Wirklichkeit sind die Planeten viel winziger, als sie hier gezeichnet sind.

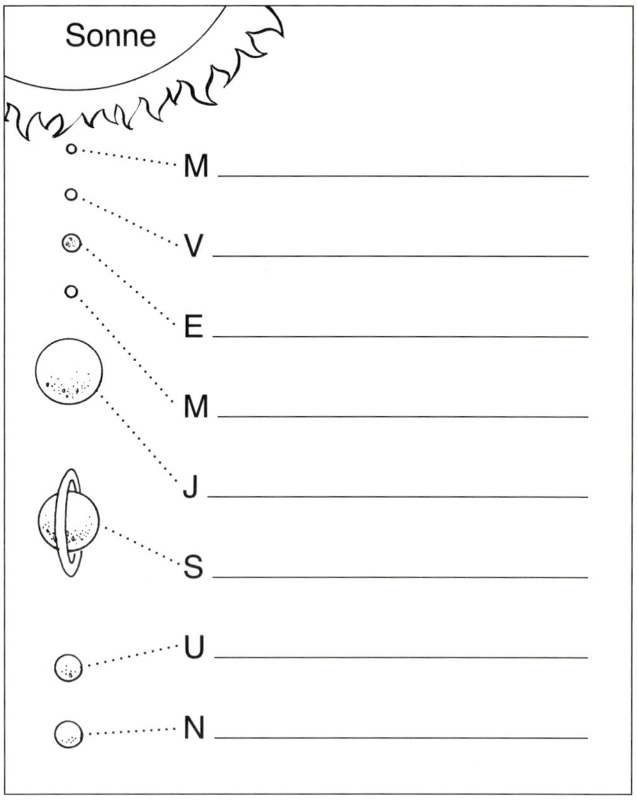

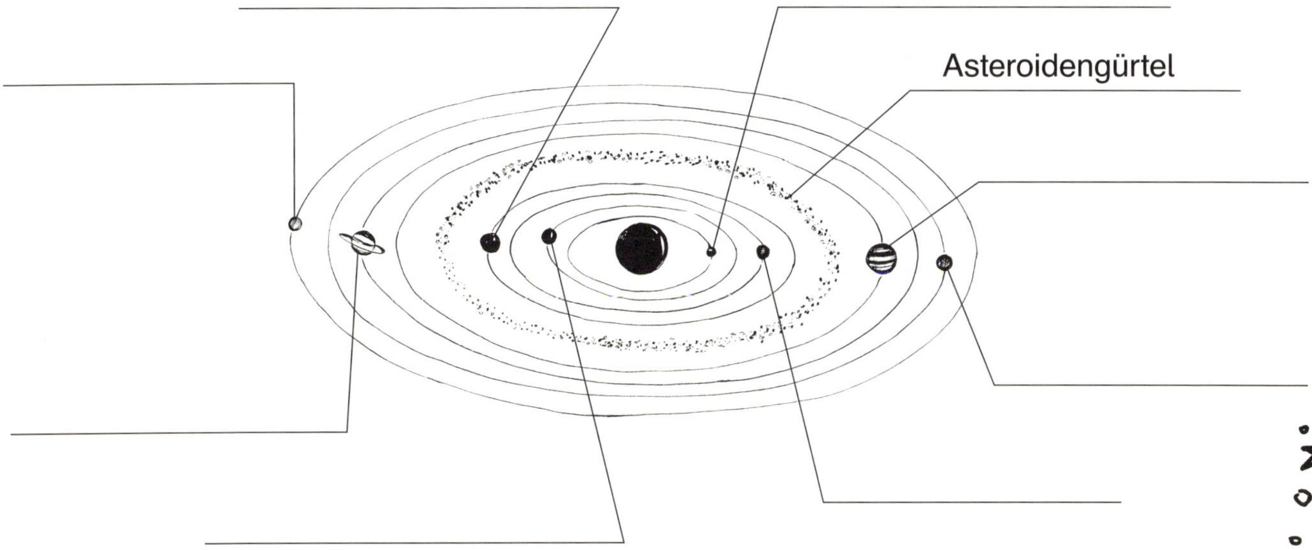

© Verlag an der Ruhr | Postfach 10 22 51 | 45422 Mülheim an der Ruhr | www.verlagruhr.de | ISBN 978-3-8346-0462-0

Die Weihnachtsgeschichte

In der Bibel findest du zwei Weihnachtsgeschichten. Die erste wird im Weihnachtsgottesdienst vorgelesen. Bestimmt kennst du sie. Sie erzählt davon, wie Jesus in einem Stall geboren wird und wie die Hirten als Erste davon hören. Diese Geschichte findest du im Lukas-Evangelium (Kapitel 2, Verse 1–20). Die zweite kommt im Stück vor. Sie erzählt von den Sterndeutern, die das neugeborene Kind suchen. Sie ist im Evangelium von Matthäus aufgeschrieben (Kapitel 2, Verse 1–12). Dort kannst du auch lesen, wieso Herodes nicht erfuhr, wo das Kind geboren worden war.

Du brauchst:

- Kinderbibel oder Schulbibel
- Schere
- Klebstoff
- 1 Blatt DIN A3
- Buntstifte

So geht es:

- Schneide die Abschnitte aus den biblischen Geschichten und die Bilder aus.
- Sortiere sie dann in der richtigen Reihenfolge, und klebe sie auf.
- Male ein Bild zu den Abschnitten, zu denen es noch kein Bild gibt.

Der Kaiser Augustus wollte sein Volk zählen. Daher musste jeder zu seiner Geburtsstadt zurückkehren.	In der Nähe von Josef und Maria waren Hirten bei ihren Schafen. Sie hielten Nachtwache. Plötzlich sahen sie einen Engel.	Maria gebar ihren Sohn in Betlehem. Sie legte ihn in eine Krippe, weil in der Herberge kein Platz für sie war.
Als Jesus geboren worden war, kamen Sterndeuter aus dem Osten nach Jerusalem.	Herodes schickte die Sterndeuter nach Betlehem. Danach sollten sie ihm von dem Kind berichten.	Josef zog mit seiner Verlobten Maria in seine Stadt Betlehem. Maria erwartete ein Kind.
Sie hörten, wie der Engel sagte: „Fürchtet euch nicht. Ich verkünde euch eine große Freude. Heute ist der Retter geboren. Ihr werdet ein Kind finden, das in einer Krippe liegt.“	Die drei Weisen träumten, dass sie nicht zu Herodes zurückkehren sollten. Also nahmen sie einen anderen Weg in ihr Land.	Er ließ die Hohen Priester und Schriftgelehrten kommen. Sie verkündeten ihm, dass in Betlehem der Messias geboren werden sollte.
Sie fragten: „Wo ist der neugeborene König der Juden?“ Als der König Herodes das hörte, erschrak er.	Die drei Weisen folgten dem Stern. Sie fanden das Kind und gaben ihm ihre Geschenke.	So eilten die Hirten zur Krippe und fanden alles so, wie es ihnen gesagt worden war. Sie kehrten zurück und lobten Gott.

Lasse deinen Stern strahlen

Wenn du willst, kannst auch du ein Stern sein für die Menschen. Du musst nur mit offenen Augen und Ohren durch die Welt gehen. Dann siehst du sicher, wo andere Menschen dich brauchen. Du wirst sehen, wie sie sich über deine Hilfe freuen, und spüren, was für ein schönes Gefühl das ist.

Du brauchst:

- 2-mal die Sternenvorlage auf Tonpapier
- Schere
- Klebstoff
- Stifte
- Bindfaden

So geht es:

- Schneide die Sterne an den gestrichelten Linien aus.
- Überlege dir einige Situationen, in denen du ein Stern sein kannst.
- Schreibe in einen Stern eine Sache, die du für jemand tun möchtest.
- Knicke an den durchgezogenen Linien.
- Klebe das lose Dreieck ohne Zacken unter sein Nachbardreieck. So entsteht ein etwas gewölbter, 5-zackiger Stern.
- Klebe einen Bindfaden in die Innenseite, klebe dann beide Sternhälften an den Zacken zusammen.
- Verschenke den Stern an jemanden, für den du ein Stern sein möchtest.

! Tipp: Diese Sterne eignen sich auch prima als Bühnendekoration!

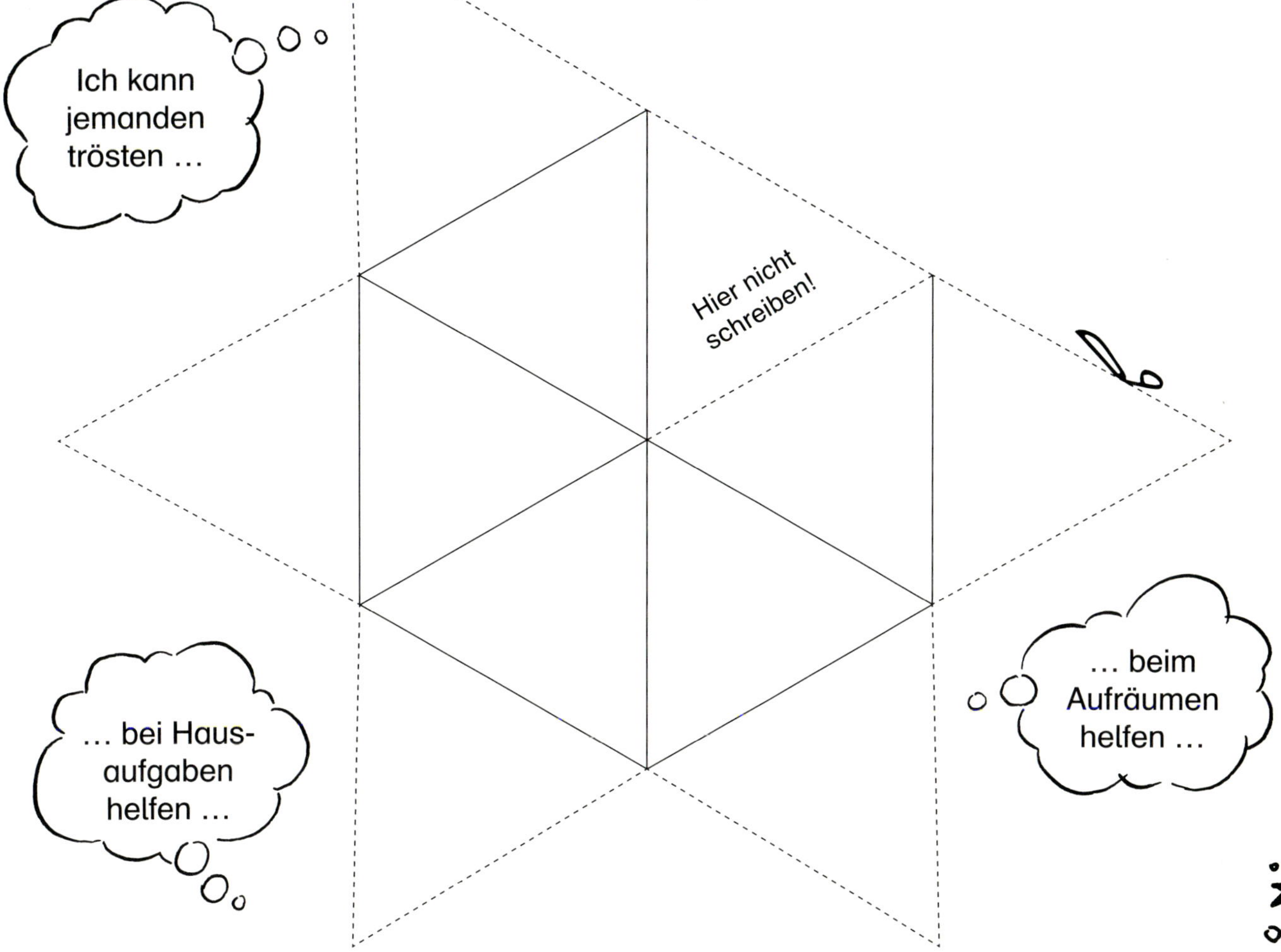

Ein Brief an den kleinen Stern

Der junge Stern und der kleine Stern im Stück haben sich sehr verändert. Zuerst hatten beide überhaupt keine Lust mehr, weiterzustrahlen. Doch dann bekamen sie wichtige Aufgaben, die ihnen geholfen haben, ihre Strahlen leuchten zu lassen.

Schreibe einen Brief an einen der beiden Sterne.
Hier ein paar Anregungen:
- Was denkst du von seiner Geschichte?
- Kannst du ihn verstehen?
- Hättest du die Aufgabe übernommen?

© Verlag an der Ruhr | Postfach 10 22 51 | 45422 Mülheim an der Ruhr | www.verlagruhr.de | ISBN 978-3-8346-0462-0

Literatur- und Internettipps

Literatur

Baisch, Christa:
Der Klassen-Adventskalender.
Kinder basteln 24 Türchen zu einer Geschichte.
Kl. 1–4. Verlag an der Ruhr, 2006.
ISBN 978-3-8346-0214-5

Bany-Winters, Lisa:
Theater-Spiel-Training für Kinder.
Alles für den großen Auftritt.
8–12 J. Verlag an der Ruhr, 2000.
ISBN 978-3-86072-565-8

Blume, Diana:
Die Weltraum-Werkstatt.
Kl. 2–5. Verlag an der Ruhr, 1999.
ISBN 978-3-86072-434-7

Carreiro, Carolyn:
Stab- und Handpuppen selber machen.
Bastelanleitungen und Ministücke für Grundschulkinder.
7–10 J. Verlag an der Ruhr, 2007.
ISBN 978-3-8346-0260-2

Geffers, Andrea:
Vorlesetheater – das Praxisbuch.
Unterrichtsvorschläge, Materialien und Vorlesestücke.
Kl. 1–4. Verlag an der Ruhr, 2008.
ISBN 978-3-8346-0424-8

Hartmann, Luisa:
3-Minuten-Geschichten für den Morgenkreis. **42 Adventsgeschichten.**
5–10 J. Verlag an der Ruhr, 2007.
ISBN 978-3-8346-0300-5

Hund, Wolfgang:
Mandalas für die Weihnachtszeit.
Kl. 1–4. Verlag an der Ruhr, 2006.
ISBN 978-3-8346-0207-7

Oberthür, Rainer:
Die Bibel für Kinder und alle im Haus.
Ab 8 J. Kösel Verlag, 2004.
ISBN 978-3-466-36668-2

Frances Mackay:
Weihnachten für alle Fächer.
Über 100 Arbeitsblätter für die GS.
Kl. 1–4. Verlag an der Ruhr, 2006.
ISBN 978-3-8346-0208-4

Weihnachtsbriefpapier.
Verlag an der Ruhr, 2006.
Best.-Nr. 60217 (nur direkt beim Verlag)

Weihnachtszeit, Bastelzeit.
Die schönsten Ideen für Groß und Klein.
Frech Verlag, 2008.
ISBN 978-3-7724-5130-0

Internet*

www.blinde-kuh.de/weltall
Umfassende Vorstellung der Himmelskörper in unserem Sonnensystem.

www.fundgrube-religionsunterricht.de
Homepage des Autors dieser Materialien.

www.ekd.de/weihnachten/kinder.html
Die Weihnachtsgeschichte in Bildern für Kinder erzählt.

www.weihnachten.de
Weihnachtslieder, -gedichte, -bräuche, und -leckereien.

* Die in diesem Werk angegebenen Internetadressen haben wir geprüft (Stand 09/2008). Da sich Internetadressen und deren Inhalte schnell verändern können, ist nicht auszuschließen, dass unter einer Adresse inzwischen ein ganz anderer Inhalt angeboten wird. Wir können daher für die angegebenen Internetseiten keine Verantwortung übernehmen.

Verlag an der Ruhr

Keiner darf zurückbleiben

Informationen und Beispielseiten unter
www.verlagruhr.de

Kunst mit dem ganzen Körper
60 Ideen zum Bewegen, Erfahren, Ausprobieren
Kl. 1-4, 96 S., 16 x 23 cm, Pb.
ISBN 978-3-8346-0704-1
Best.-Nr. 60704
12,80 € (D)/13,15 € (A)/23,- CHF

Kunst-Highlights für Herbst und Winter
Kurze Projekte für 5- bis 10-Jährige
5-10 J., 80 S., A4, Pb., farbig
ISBN 978-3-8346-0705-8
Best.-Nr. 60705
18,90 € (D)/19,40 € (A)/33,10 CHF

Jungs machen Kunst
Originelle Kunst-Projekte, die auch „echte Kerle" motivieren
5-10 J., 112 S., A4, Pb., farbig
ISBN 978-3-8346-0700-3
Best.-Nr. 60700
21,90 € (D)/22,50 € (A)/38,30 CHF

30 x Kunst für 45 Minuten – Klasse 1/2
Kurze Projekte für schnelle Erfolge
Kl. 1-2, 95 S., A4, Pb., farbig
ISBN 978-3-8346-0625-9
Best.-Nr. 60625
19,80 € (D)/20,35 € (A)/34,70 CHF
Ebenfalls erhältlich für die Klassen 3/4.

Deutsch mit dem ganzen Körper
60 Bewegungsspiele für alle Bereiche des Deutschunterrichts
Kl. 1-4, 98 S., 16 x 23 cm, Pb.
ISBN 978-3-8346-0481-1
Best.-Nr. 60481
12,80 € (D)/13,15 € (A)/23,- CHF

Zum Schreiben verführen
Über 100 Schreibanlässe für eigene Klapp-, Falt- und Pop-up-Bücher
Kl. 2-4, 91 S., A4, Pb.
ISBN 978-3-8346-0482-8
Best.-Nr. 60482
19,80 € (D)/20,35 € (A)/34,70 CHF

Das große Wortarten-Poster
mit Kopiervorlagen
Kl. 2-4, A0 Poster inkl. 16 S. Begleitheft A4, in praktischer Aufbewahrungstasche
ISBN 978-3-8346-0368-5
Best.-Nr. 60368
13,50 € (D)/13,90 € (A)/24,30 CHF

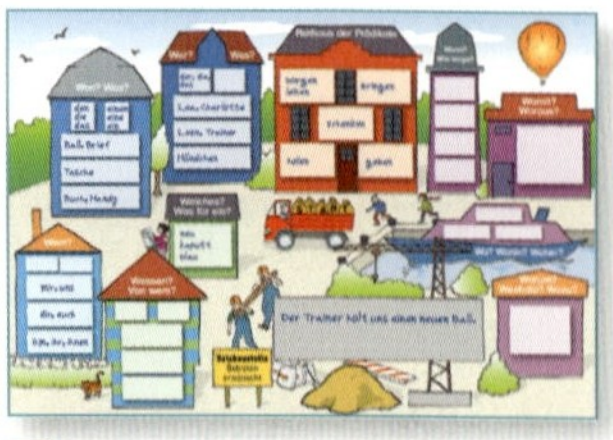

Die Satzbaustelle
Satzbau anschaulich – mit Poster und differenzierten Arbeitsblättern
Kl. 2-4, 56 S., A4, Heft + farbiges Poster A0, in praktischer Aufbewahrungstasche
ISBN 978-3-8346-0619-8
Best.-Nr. 60619
17,50 € (D)/18,- € (A)/30,70 CHF

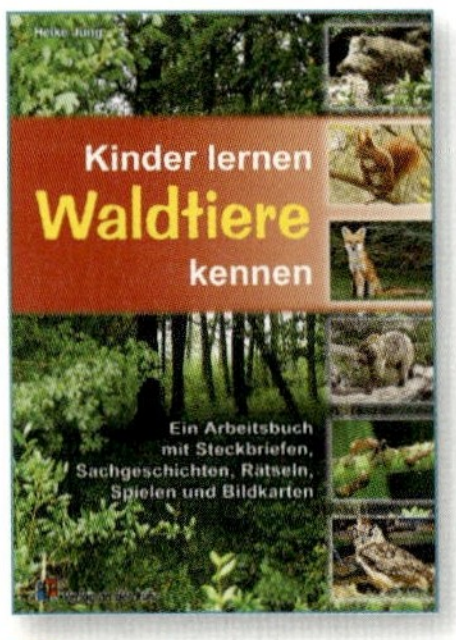

Kinder lernen Waldtiere kennen
Ein Arbeitsbuch mit Steckbriefen, Sachgeschichten, Rätseln, Spielen und Bildkarten
4-8 J., 167 S., A4, Pb. (mit farb. Abb.)
ISBN 978-3-8346-0244-2
Best.-Nr. 60244
19,80 € (D)/20,35 € (A)/34,70 CHF

Waldtiere – Fotokarten mit Sachinfos
4-8 J., 16 farbige Karteikarten A5 in praktischer Aufbewahrungsmappe
ISBN 978-3-8346-0432-3
Best.-Nr. 60432
9,80 € (D)/10,10 € (A)/18,- CHF
Materialien zu weiteren Tieren finden Sie unter www.verlagruhr.de.

Kleine Yoga-Rituale für jeden Tag
Mit einfachen Übungen den Schulalltag rhythmisieren
6-10 J., 140 S. A4, Pb.
ISBN 978-3-8346-0610-5
Best.-Nr. 60610
24,80 € (D)/25,50 € (A)/43,40 CHF

Kinder entspannen mit Yoga
Von der kleinen Übung bis zum kompletten Kurs
5-10 J., 150 S., 21 x 22 cm, Pb.
ISBN 978-3-8346-0291-6
Best.-Nr. 60291
17,80 € (D)/18,30 € (A)/31,20 CHF